できる ポケット

Jw_cad 8

ハンドブック

困った!&便利技
247 Version
8.25a 対応

櫻井良明 & できるシリーズ編集部

インプレス

本書の読み方

操作手順

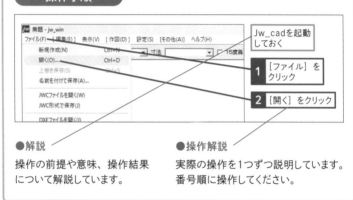

Jw_cadを起動
しておく

1 [ファイル] を
クリック

2 [開く] をクリック

●解説

操作の前提や意味、操作結果
について解説しています。

●操作解説

実際の操作を1つずつ説明しています。
番号順に操作してください。

関連情報

操作内容を補足する要素を種類ごとに色分けして掲載しています。

●クロックメニュー

ワザに関連したクロックメニューを紹介しています。

●ショートカットキー

ワザに関連したショートカットキーを紹介しています。

●関連ワザ

紹介している機能に関連するワザを参照できます。

●役立つ豆知識

ワザに関連した情報や別の操作方法など、豆知識を掲載しています。

●ステップアップ

一歩進んだ活用方法や、もっと便利に使うためのお役立ち情報を掲載して
います。

お役立ち度

各ワザの役立ち度を星の
数で表しています。

動画で見る

解説している操作を動画
で見られます。詳しくは20
ページで紹介しています。

006

Ｑ 図面ファイルを開くには

お役立ち度 ★★★

Ａ ［ファイル］メニューから開きます

Jw_cadの画面に、ハードディスクやUSBメモリーに保存されている図面ファイル
を呼び出して使用するには、以下の手順で行います。この操作を「ファイルを
開く」といいます。

これには2種類の方法があって、Jw_cadを起動してから開く方法と、直接、開
きたいファイルをダブルクリックして開く方法があります。ここではJw_cadを起
動してから開く方法を紹介します。

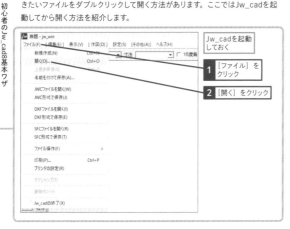

Jw_cadを起動
しておく

1 ［ファイル］を
クリック

2 ［開く］をクリック

第1章

脱・初心者のJw_cad8基本ワザ

ショートカットキー　ファイルを開く
Ctrl + O

関連 010　図面ファイルを新規に保存するには　▶ P.33

※ここに掲載している紙面はイメージです。
実際のレッスンページとは異なります。

28 **できる**

練習用ファイルの使い方

本書では、レッスンの操作をすぐに試せる無料の練習用ファイルとフリー素材を用意しています。ダウンロードした練習用ファイルは必ず展開して使ってください。ここではMicrosoft Edgeを使ったダウンロードの方法を紹介します。

▼練習用ファイルのダウンロードページ
https://book.impress.co.jp/books/1123101139

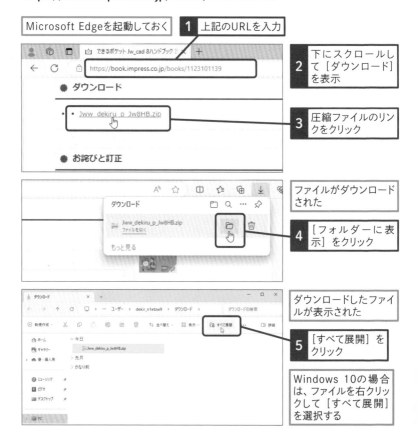

Microsoft Edgeを起動しておく

1 上記のURLを入力

2 下にスクロールして［ダウンロード］を表示

3 圧縮ファイルのリンクをクリック

ファイルがダウンロードされた

4 ［フォルダーに表示］をクリック

ダウンロードしたファイルが表示された

5 ［すべて展開］をクリック

Windows 10の場合は、ファイルを右クリックして［すべて展開］を選択する

●練習用ファイルを使えるようにする

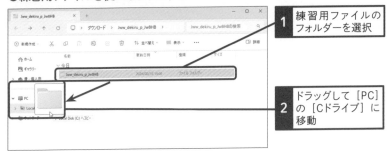

1 練習用ファイルの
フォルダーを選択

2 ドラッグして [PC]
の [Cドライブ] に
移動

⚠ ここに注意

インターネットを経由してダウンロードしたファイルを開くと、保護ビューで表示されます。ウイルスやスパイウェアなど、セキュリティ上問題があるファイルをすぐに開いてしまわないようにするためです。ファイルの入手時に配布元をよく確認して、安全と判断できた場合は [編集を有効にする] ボタンをクリックしてください。

練習用ファイルの内容

練習用ファイルには章ごとにファイルが格納されており、ファイル先頭の「L」に続く数字がレッスン番号、次がレッスンのサブタイトルを表します。レッスンによって、練習用ファイルがなかったり、1つだけになっていたりします。手順実行後のファイルは、収録できるもののみ入っています。図形ファイルの使用方法は6ページを参照してください。

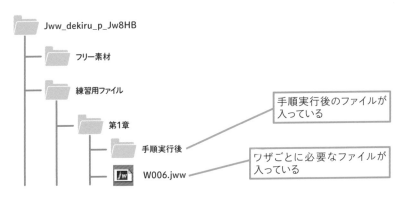

手順実行後のファイルが
入っている

ワザごとに必要なファイルが
入っている

［フリー素材］の図形ファイルを挿入するには

図形ファイルには、JWS形式とJWK形式の2種類があります。ここでは［ファイル選択］ダイアログボックスで表示する形式を切り替えて図形ファイルを選択する方法を解説します。なお［家具］［住設機器］以外のフォルダーにはJWW形式の図面ファイルが収録されています。通常の手順でファイルを開いて、ワザ241を参考にファイル内の図形を図形登録して使いましょう。ファイルを開いた際に画面の色などが変更された場合は、本書の練習用ファイルを開くと元に戻ります。

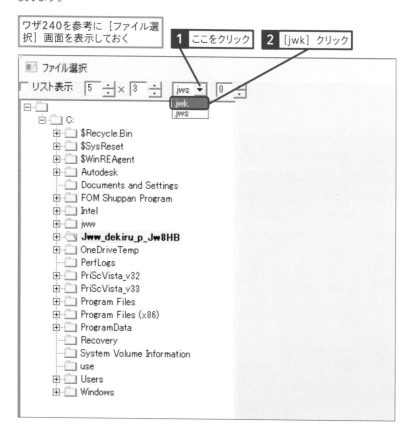

ワザ240を参考に［ファイル選択］画面を表示しておく

1 ここをクリック   2 ［jwk］クリック

■ ファイル選択

□ リスト表示 5 ÷ × 3 ÷   jws ▾   0 ÷
                          jwk
                          jws

```
□─□
  └─□ C:
      ├─□ $Recycle.Bin
      ├─□ $SysReset
      ├─□ $WinREAgent
      ├─□ Autodesk
      └─□ Documents and Settings
      ├─□ FOM Shuppan Program
      ├─□ Intel
      ├─□ jww
      ├─□ Jww_dekiru_p_Jw8HB
      ├─□ OneDriveTemp
      └─□ PerfLogs
      ├─□ PriScVista_v32
      ├─□ PriScVista_v33
      ├─□ Program Files
      ├─□ Program Files (x86)
      ├─□ ProgramData
      └─□ Recovery
      └─□ System Volume Information
      └─□ use
      ├─□ Users
      └─□ Windows
```

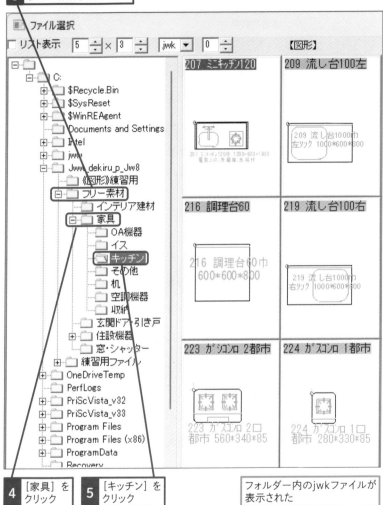

■ ファイル選択

☐ リスト表示　5 ⇕ × 3 ⇕　jwk ▾　0 ⇕　　　　【図形】

- 🗁
  - 🗁 C:
    - ⊞ 🗀 $Recycle.Bin
    - ⊞ 🗀 $SysReset
    - ⊞ 🗀 $WinREAgent
    - 🗀 Documents and Settings
    - ⊞ 🗀 Intel
    - ⊞ 🗀 jww
    - 🗁 Jww_dekiru_p_Jw8
      - 🗀 《図形》練習用
      - 🗁 フリー素材
        - 🗀 インテリア建材
        - 🗁 家具
          - 🗀 OA機器
          - 🗀 イス
          - 🗀 キッチン
          - 🗀 その他
          - 🗀 机
          - 🗀 空調機器
          - 🗀 収納
        - 🗀 玄関ドア・引き戸
        - ⊞ 🗀 住設機器
        - 🗀 窓・シャッター
      - ⊞ 🗀 練習用ファイル
    - ⊞ 🗀 OneDriveTemp
    - 🗀 PerfLogs
    - ⊞ 🗀 PriScVista_v32
    - ⊞ 🗀 PriScVista_v33
    - ⊞ 🗀 Program Files
    - ⊞ 🗀 Program Files (x86)
    - ⊞ 🗀 ProgramData
    - 🗀 Recovery

207 ミニキッチン120

209 流し台100左

216 調理台60

219 流し台100右

223 ガスコンロ 2都市

224 ガスコンロ 1都市

4. [家具] をクリック

5. [キッチン] をクリック

フォルダー内のjwkファイルが表示された

目次

第1章 脱・初心者のJw_cad 8基本ワザ

第2章 Jw_cadの基本操作と設定の便利ワザ

第3章 線や点を作図するには

第4章 円と接線、接円を作図するには

第5章 矩形や多角形を作図するには

第**8**章 図形の選択をするには

第9章　図形の変形、塗りつぶしをするには

第11章 寸法を記入するには

第12章 知っておきたい便利機能

動画について

操作を確認できる動画をYouTube動画で参照できます。画面の動きがそのまま見られるので、より理解が深まります。QRが読めるスマートフォンなどからはワザタイトル横にあるQRを読むことで直接動画を見ることができます。パソコンなどQRが読めない場合は、以下の動画一覧ページからご覧ください。

▼動画一覧ページ
https://dekiru.net/jwcad8pbp

●用語の使い方

本文中では、「Jw_cad Version 8.25a」のことを「Jw_cad」と記述しています。また、本文中で使用している用語は、基本的に実際の画面に表示される名称に則っています。

●本書の前提

本書では、「Windows 11」に「Jw_cad Version 8.25a」がインストールされているパソコンで、インターネットに常時接続されている環境を前提に画面を再現しています。お使いの環境と画面解像度が異なることもありますが、基本的に同じ要領で進めることができます。

●本書に掲載されている情報について

本書で紹介する操作はすべて、2023年9月現在の情報です。
本書は2023年9月発刊の『できるJw_cad 8 パーフェクトブック 困った！＆便利ワザ大全』の一部を再編集し構成しています。重複する内容があることを、あらかじめご了承ください。

第1章

脱・初心者の
Jw_cad8
基本ワザ

ここではJw_cadのインストール方法や基本操作について説明します。一般的なアプリと共通する操作も多いので、一通り読んで確認しておきましょう。

001

お役立ち度 ★ ★ ★

**A 作者が運営するホームページから
ダウンロードできます**

第1章

脱・初心者のJw_cad8基本ワザ

Jw_cadは、清水治郎氏と田中善文氏が開発した2次元汎用CADです。パソコン通信の時代からフリーウェアとして公開され、現在も無償で使えます。本書は、2023年9月現在で最新版のJw_cad Version 8.25aをもとに作成しています。最新版を入手するには以下の作者が運営するホームページからダウンロードできます。

▼Jw_cadのWebページ
http://www.jwcad.net/

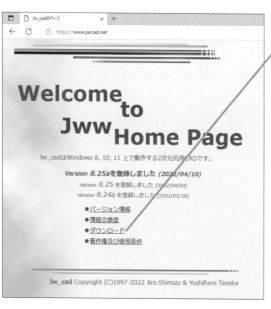

[ダウンロード] を
クリックするとダウ
ンロードページが
表示される

002

お役立ち度 ★★★

A ダウンロードしたインストーラーを
使ってインストールします

インストールとは、プログラムをシステムに登録して使えるようにすることです。
ダウンロードしたインストーラーを使ってJw_cadをインストールしましょう。な
おインストール先はCドライブ (C: ¥) のままにしてください。Cドライブ以外の
場所にすると、図面ファイルが保存できなくなる場合があります。

●インストーラーを起動する

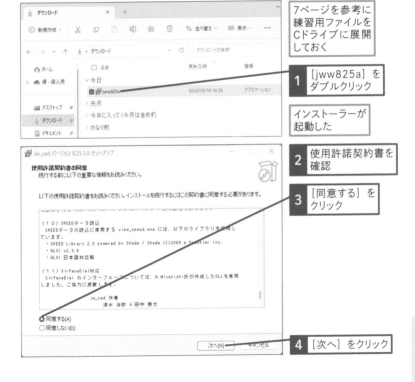

7ページを参考に
練習用ファイルを
Cドライブに展開
しておく

1 [jww825a] を
ダブルクリック

インストーラーが
起動した

2 使用許諾契約書を
確認

3 [同意する] を
クリック

4 [次へ] をクリック

第1章

脱・初心者のJw_cad8基本ワザ

次のページに続く →

●パソコンにインストールする

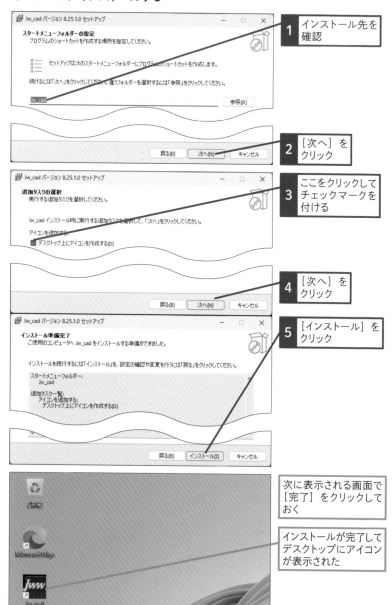

1 インストール先を確認

2 [次へ] をクリック

3 ここをクリックしてチェックマークを付ける

4 [次へ] をクリック

5 [インストール] をクリック

次に表示される画面で [完了] をクリックしておく

インストールが完了してデスクトップにアイコンが表示された

003

お役立ち度 ★ ★

A スタートメニューのアイコンを右クリックして設定します

ショートカットアイコンをデスクトップに設置すれば、起動の操作を素早く行えます。[スタート] メニューの [J] 欄に表示される [Jw_cad] フォルダー中の [Jw_cad] を右クリックし、下記の操作手順に従ってショートカットを作成してください。

第1章 脱・初心者のJw_cad&基本ワザ

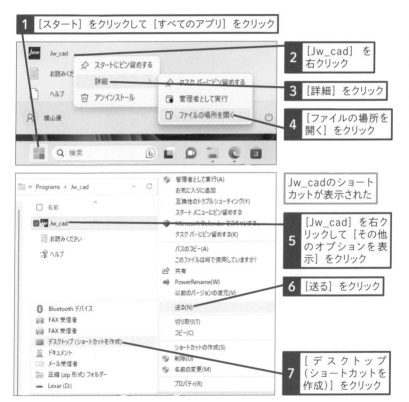

1 [スタート] をクリックして [すべてのアプリ] をクリック

2 [Jw_cad] を右クリック

3 [詳細] をクリック

4 [ファイルの場所を開く] をクリック

Jw_cadのショートカットが表示された

5 [Jw_cad] を右クリックして [その他のオプションを表示] をクリック

6 [送る] をクリック

7 [デスクトップ (ショートカットを作成)] をクリック

004

タスクバーからJw_cadを
起動できるようにするには

お役立ち度 ★★

A タスクバーにピン留めします

第1章 脱・初心者のJw_cad8基本ワザ

「タスクバー」とは、Windowsの操作画面(デスクトップ) の最下部に表示される、細い帯状の操作領域です。アイコンの左端には [スタート] があり、右端には時刻の表示があります。タスクバーには、始めから登録されているアイコンの他に、起動中のアプリのアイコンが表示されます。下記の手順でアプリケーションのアイコンをピン留めすれば、アイコンをクリックするだけでアプリを起動できます。

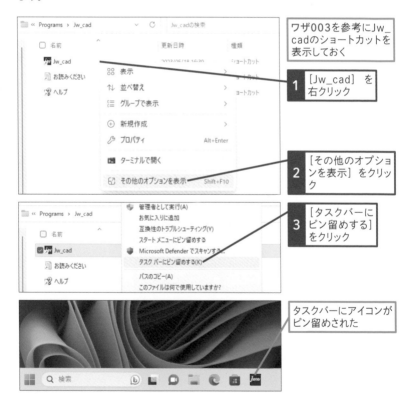

ワザ003を参考にJw_cadのショートカットを表示しておく

1 [Jw_cad] を右クリック

2 [その他のオプションを表示] をクリック

3 [タスクバーにピン留めする] をクリック

タスクバーにアイコンがピン留めされた

005 ❓ Jw_cadを終了するには

お役立ち度 ★★★

🅰 画面右上をクリックして終了します

Jw_cadでの作業が終わって、プログラムを終了するには、次に使用するときに必要な情報をパソコンに書き込み、メモリーに読み込まれていたプログラムをクリアする作業が必要です。終了方法は、タイトルバー [ファイル] の [Jw_cadの終了] をクリックするか、画面右上の ✕ をクリックしてください。

●クリックして閉じる

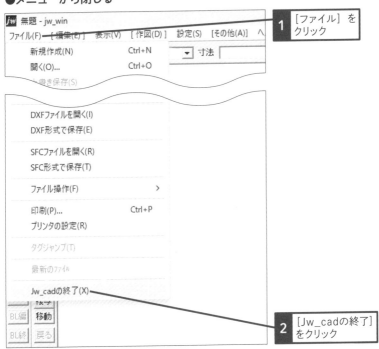

1 [閉じる] をクリック

閉じる

●メニューから閉じる

```
Jw 無題 - jw_win
ファイル(F)  [編集(E)]  表示(V)  [作図(D)]  設定(S)  [その他(A)]  ヘ

    新規作成(N)           Ctrl+N        ▼ 寸法
    開く(O)...            Ctrl+O
    上書き保存(S)

    DXFファイルを開く(I)
    DXF形式で保存(E)

    SFCファイルを開く(R)
    SFC形式で保存(T)

    ファイル操作(F)              >

    印刷(P)...            Ctrl+P
    プリンタの設定(R)

    タグジャンプ(T)

    最新のファイル

    Jw_cadの終了(X)
```

1 [ファイル] をクリック

2 [Jw_cadの終了] をクリック

BL編 移動
BL終 戻る

Q 図面ファイルを開くには

動画で見る

お役立ち度 ★★★

A ［ファイル］メニューから開きます

第1章

脱・初心者のJw_cad8基本ワザ

Jw_cadの画面に、ハードディスクやUSBメモリーに保存されている図面ファイルを呼び出して使用するには、以下の手順で行います。この操作を「ファイルを開く」といいます。

これには2種類の方法があって、Jw_cadを起動してから開く方法と、直接、開きたいファイルをダブルクリックして開く方法があります。ここではJw_cadを起動してから開く方法を紹介します。

Jw 無題 - jw_win	
ファイル(F) [編集(E)] 表示(V) [作図(D)] 設定(S) [その他(A)] ヘルプ(H)	

新規作成(N)	Ctrl+N
開く(O)...	Ctrl+O
上書き保存(S)	Ctrl+S
名前を付けて保存(A)...	
JWCファイルを開く(W)	
JWC形式で保存(J)	
DXFファイルを開く(I)	
DXF形式で保存(E)	
SFCファイルを開く(R)	
SFC形式で保存(T)	
ファイル操作(F)	>
印刷(P)...	Ctrl+P
プリンタの設定(R)	
タグジャンプ(T)	
最新のファイル	
Jw_cadの終了(X)	

Jw_cadを起動しておく

1 ［ファイル］をクリック

2 ［開く］をクリック

ショート
カットキー

ファイルを開く
[Ctrl]+[O]

関連
010

図面ファイルを新規に保存するには ► P.33

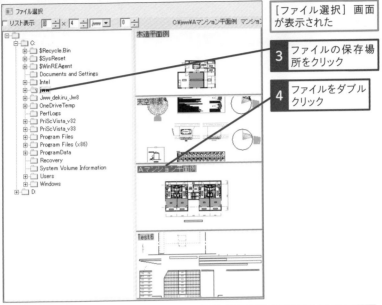

[ファイル選択] 画面
が表示された

3 ファイルの保存場
所をクリック

4 ファイルをダブル
クリック

図面ファイルが開いた

お役立ち度 ★ ★ ★　　**A** ファイルをダブルクリックします　　サンプル

第1章
脱・初心者のJw_cad8基本ワザ

フォルダーなどにあるJw_cadを開く場合は、ファイルをダブルクリックしてください。Jw_cadを最初に起動しなくても、ファイルをダブルクリックした後にJw_cadが起動します。そのまま操作することも可能です。

1 ファイルをダブル
クリック

Jw_cadが起動して
ファイルが表示された

関連
010 図面ファイルを新規に保存するには　　▶ P.33

008

Q ファイルの選択時に図面の
内容を確認するには

お役立ち度 ★★★

A ［ファイル選択］画面で拡大できます

［ファイル選択］画面に表示されるプレビューは、図面と同じように両ボタンク
リックや両ボタンドラッグでズームや画面移動ができます（ワザ015参照）。プ
レビューは作図や編集はできませんが、画面表示だけでファイルの内容を確か
められます。

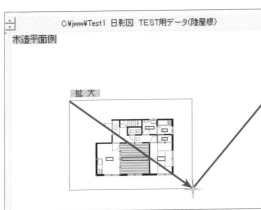

ワザ006を参考に［ファイル選択］画面を表示しておく

1 両ボタンクリックしながら右下にマウスカーソルを移動

［拡大］と表示された

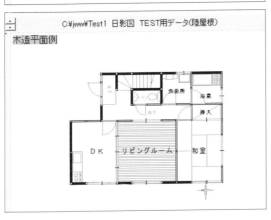

2 マウスボタンをはなす

囲んだ部分が拡大表示された

009

Q ファイル名の表示サイズを変更するには

お役立ち度 ★★

A 7段階から選択できます

第1章 脱・初心者のJw_cad8基本ワザ

[ファイル選択] 画面ではファイル名の文字サイズを変更することができます。デフォルトでは「0」になっていますが、▲ ▼をクリックして「-3」〜「3」の範囲で変更可能です。

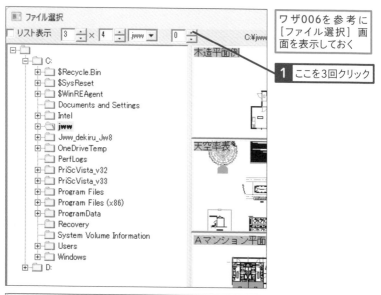

ワザ006を参考に [ファイル選択] 画面を表示しておく

1 ここを3回クリック

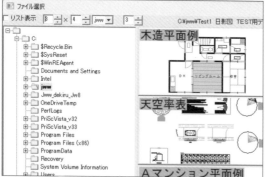

ファイル名が拡大表示された

元に戻す場合は下向きのボタンを3回クリックして「0」にする

010

Q 図面ファイルを
新規に保存するには

お役立ち度 ★★★

A ［名前を付けて保存］で保存します

図面を作成しているときは、作業中のファイルを保存しないと、コンピューターのトラブルや操作ミスによってデータが消去されてしまう可能性があります。ここでは、ファイルを新規作成した場合の保存方法を説明します。また、開いたファイルに別の名前を付けて新しいファイルとして保存したい場合も、同じ方法で操作できます。

1 ［ファイル］をクリック

2 ［名前を付けて保存］をクリック

3 保存場所をクリック

4 ［新規］をクリック

5 ファイル名を入力

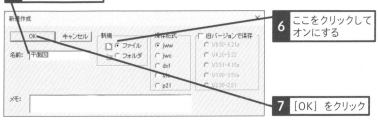

6 ここをクリックしてオンにする

7 ［OK］をクリック

関連 011 図面ファイルを上書き保存するには ▶ P.34

011

Q 図面ファイルを
上書き保存するには

お役立ち度 ★★★

A [ファイル] メニューかツールバーから
実行できます

作業後のファイルを上書き保存するには、[ファイル] メニューから [上書き保存] を選ぶか、ツールバーにある [上書] ボタンをクリックします。[上書き保存] を実行すると、すでに保存されている図面ファイルが、編集した内容で更新されます。このとき、上書き保存する前の図面ファイルは、自動的にバックアップファイルが作成されます。

平面図 - jw_win	
ファイル(F) [編集(E)] 表示(V) [作図(D)] 設定(S) [その他(A)] ヘルプ(H)	**1** [ファイル] をクリック
新規作成(N)　　　　　　Ctrl+N	
開く(O)...　　　　　　　Ctrl+O	
上書き保存(S)　　　　　Ctrl+S	**2** [上書き保存] をクリック
名前を付けて保存(A)...	
JWCファイルを開く(W)	
JWC形式で保存(J)	
DXFファイルを開く(I)	
DXF形式で保存(E)	
SFCファイルを開く(R)	
SFC形式で保存(T)	
ファイル操作(F)　　　　　>	
印刷(P)...　　　　　　　Ctrl+P	
プリンタの設定(R)	
タグジャンプ(T)	
1 C:¥Jww_dekiru_Jw8PB¥平面図	
2 木造平面例	
3 Aマンション平面例	
Jw_cadの終了(X)	

ファイルが上書き保存される

ツールバーの [上書] をクリックしてもよい

[新規 / 開く / 上書 / 保存 / 印刷 / 初取 / 属取 / 線角 / 鉛直 / X軸 / 2点角 / 線長]

第2章

Jw_cadの
基本操作と設定の
便利ワザ

Jw_cadでは、画面の拡大表示や移動時にマウス
の両方のボタンを使うなど、特殊なマウスの使い方
をします。ここでは、画面各部の役割と基本的なマ
ウス操作について解説します。

012

Q ツールバーを
カスタマイズするには

お役立ち度 ★★★

A [ツールバーの表示] 画面で
設定します

Jw_cadには初期状態のツールバーとは別にユーザー(1)～(6)、その他(1)(2)
などのツールバーが用意されています。下の操作手順より、必要に応じて画面
に出して配置することが可能です。なお、ユーザー(1)～(6)は、[ユーザーバー
設定]からツールバーの内容を変更してカスタマイズが可能です。

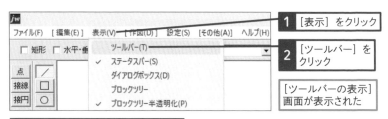

1 [表示] をクリック

2 [ツールバー] を
クリック

[ツールバーの表示]
画面が表示された

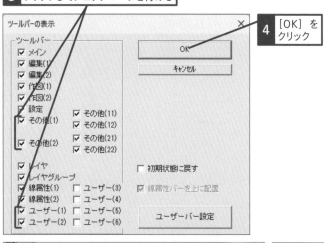

3 クリックしてチェックマークを付ける

4 [OK] を
クリック

画面上にツールバーが
追加された

第2章 Jw_cadの基本操作と設定の便利ワザ

013

Q 画面の一部を
拡大表示するには

お役立ち度 ★ ★ ★

A 両ボタンクリックで
右下にドラッグします

サンプル

画面を拡大して見たい部分は、マウスの両方のボタンを同時に押して、左上から右下へドラッグして拡大表示する範囲を囲み、マウスボタンから指を離すと、囲んだ範囲が画面いっぱいに表示されます。ドラッグを始めた位置には「拡大」と表示されます。

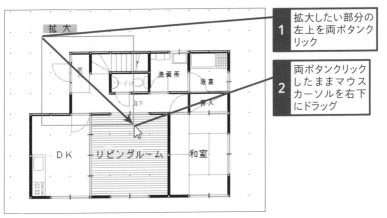

1 拡大したい部分の左上を両ボタンクリック

2 両ボタンクリックしたまままマウスカーソルを右下にドラッグ

[拡大] と表示された

拡大したい部分を枠で囲む

枠で囲んだ部分が拡大表示された

第2章 Jw_cadの基本操作と設定の便利ワザ

関連
015 画面の表示倍率を変更するには ▶ P.39

014 ^Q マウスのホイールボタンで 拡大縮小がしたい

お役立ち度 ★★

A [基本設定] で設定します

[基本設定] の [一般 (2)] から以下の設定を行うと、マウスのホイールボタンを回転させるだけで画面表示の拡大や縮小ができるようになります。[マウスホイール] の項目で [+] にチェックマークを付けると、ホイールボタンを手前に回転させたときに画面が拡大され、[−] にチェックマークを付けると縮小されます。

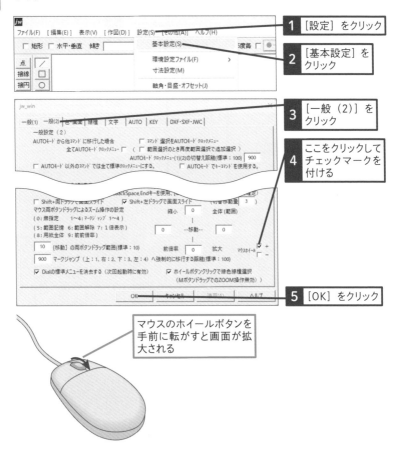

1 [設定] をクリック

2 [基本設定] を クリック

3 [一般 (2)] を クリック

4 ここをクリックして チェックマークを 付ける

5 [OK] をクリック

マウスのホイールボタンを 手前に転がすと画面が拡大される

015 Q 画面の表示倍率を変更するには

お役立ち度 ★★★

A 両ボタンクリックでドラッグします

画面全体を表示するには、画面の適当な場所で、マウスの両方のボタンを同時に押して、右上へドラッグします。[全体]と表示されたらマウスボタンから指を離します。

直前の表示倍率で表示したいときは、画面の適当な場所で、マウスの両方のボタンを同時に押して、左下へドラッグします。[前倍率]と表示されたらマウスボタンから指を離します。

●画面全体を表示する

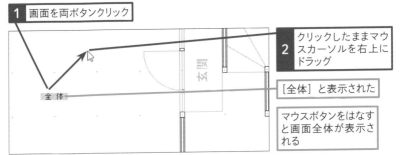

1 画面を両ボタンクリック

2 クリックしたままマウスカーソルを右上にドラッグ

[全体]と表示された

マウスボタンをはなすと画面全体が表示される

●直前の表示倍率で表示する

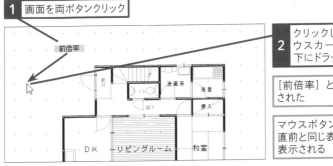

1 画面を両ボタンクリック

2 クリックしたままマウスカーソルを左下にドラッグ

[前倍率]と表示された

マウスボタンを離すと直前と同じ表示倍率で表示される

016

Q 画面の表示位置を変更するには

お役立ち度 ★★★

A 両ボタンクリックで中央部の位置を指示します

サンプル

画面の表示位置を変更する場合は、画面の中央部に表示したい部分で、マウスの両方のボタンを同時に押します。[移動]と表示されたらマウスボタンから指を離します。ここでは、和室のあたりを画面の中央部に表示しています。

第2章 Jw_cadの基本操作と設定の便利ワザ

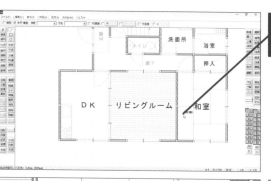

1 画面の中央に表示したい部分を両ボタンクリック

[移動]と表示された

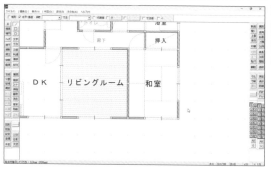

マウスボタンをはなすとクリックした部分が画面の中央に表示される

017

Q 操作を元に戻すには

お役立ち度 ★★★

A ［戻る］をクリックします

直前の操作を元に戻すには、ツールバー［戻る］をクリックするか、メニューバー［編集］の［戻る］をクリックします。

また、戻した操作をやり直すには、メニューバー［編集］の［進む］をクリックします。もし、ワザ012の操作で［ユーザー（1）］を画面に表示している場合は、ツールバーの［進む］をクリックしても実行できます。

●操作を戻す

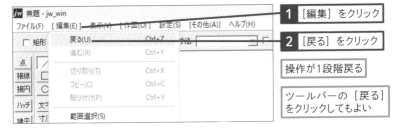

1 ［編集］をクリック

2 ［戻る］をクリック

操作が1段階戻る

ツールバーの［戻る］をクリックしてもよい

●操作をやり直す

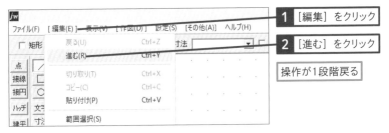

1 ［編集］をクリック

2 ［進む］をクリック

操作が1段階戻る

Q 用紙サイズを設定するには

お役立ち度 ★★★

**A 画面右下の［用紙サイズ］を
クリックします**

画面右下の［用紙サイズ］から用紙サイズを設定できます。Jw_cadはA0 ～
A4サイズの他、2A ～ 5A、1辺が10m、50m、100mのサイズを選択すること
ができます。なお、Jw_cadでは設定できるのは横置きのみです。縦置きにした
い場合は、ワザ020を参照してください。

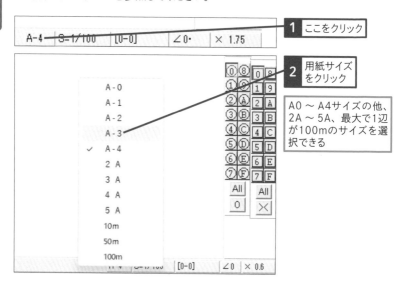

1 ここをクリック

2 用紙サイズ
をクリック

A0 ～ A4サイズの他、
2A ～ 5A、最大で1辺
が100mのサイズを選
択できる

♪ステップアップ

B判の用紙サイズで作図するには

B4やB5の用紙サイズで作図するには、サイズに合わせた図面枠を作成し、その範
囲内に作図します。用紙サイズは、B4ならA3、B5ならA4といった形で一回り大き
く設定します。印刷の際には［プリンターの設定］で用紙をB4やB5に設定します。

第2章 Jw_cadの基本操作と設定の便利ワザ

019

お役立ち度 ★★★

A [基本設定] で設定します

[基本設定] の [一般(1)] の [用紙枠を表示する] にチェックマークを付けます。そうすることで、画面上に現在の用紙サイズの外周の線が、間隔の広い薄い色の点線で表示されます。ただし、印刷される範囲はプリンターによって異なります (ワザ245参照)。

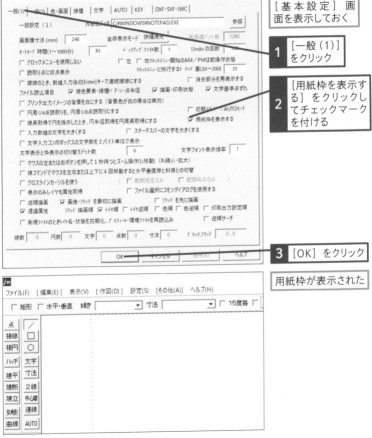

ワザ014を参考に [基本設定] 画面を表示しておく

1 [一般 (1)] をクリック

2 [用紙枠を表示する] をクリックしてチェックマークを付ける

3 [OK] をクリック

用紙枠が表示された

できる **43**

020

お役立ち度 ★★★

A 長方形で用紙枠を作図します

Jw_cadで設定できる用紙は横置きのみです。縦置きにしたい場合は、用紙枠の点線の上に合わせて、横長の長方形を作図し、90度回転させて縦長にします。ワザ015のように画面全体を表示したときに用紙全体が見えるようにするには、A4ならA3といったように1サイズ上の用紙に変更すると便利です。

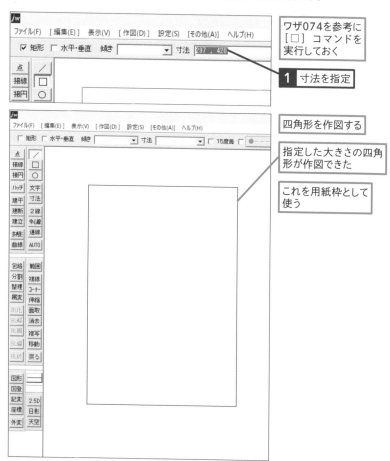

ワザ074を参考に[□]コマンドを実行しておく

1 寸法を指定

四角形を作図する

指定した大きさの四角形が作図できた

これを用紙枠として使う

第2章 Jw_cadの基本操作と設定の便利ワザ

021

Q 図面の尺度を変更するには

お役立ち度 ★★★

A [縮尺] をクリックして変更します

Jw_cadの場合、図面の尺度を決めてから作図します。作図する尺度は、画面右下の [縮尺] をクリックして設定します。ここでは縮尺1：1から1：100に変更する場合の解説をします。

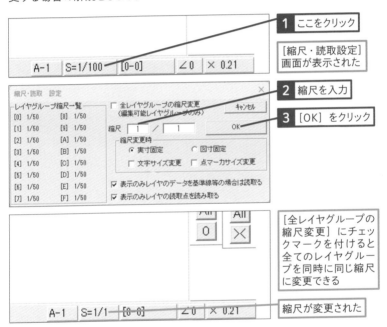

1 ここをクリック

[縮尺・読取設定] 画面が表示された

2 縮尺を入力

3 [OK] をクリック

[全レイヤグループの縮尺変更] にチェックマークを付けると全てのレイヤグループを同時に同じ縮尺に変更できる

縮尺が変更された

💡 役立つ豆知識

全てのレイヤグループを同じ縮尺にするには

全てのレイヤグループを同時に同じ縮尺に変更したい場合は、[縮尺・読み取り設定] 画面で[全レイヤグループの縮尺変更] のボックスにチェックマークを付けてください。

関連 018 用紙サイズを設定するには ▶ P.42

022

❓ 印刷時の線幅を設定するには

お役立ち度 ★★★

🅐 [色・画面] から設定します

印刷時の線幅は、[基本設定] の [色・画面] に含まれる [プリンタ出力要素] の [線幅] の数値で設定します。初期状態では線色1〜8と同じ数値が線幅の数値になっており（ワザ023参照）、数値が大きいほど太い線です。ここでは、JIS規格に設定する方法を解説します。

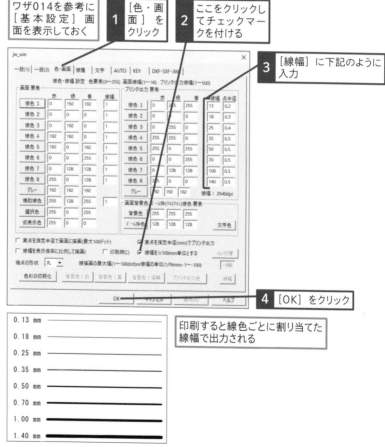

ワザ014を参考に [基本設定] 画面を表示しておく

1 [色・画面] をクリック

2 ここをクリックしてチェックマークを付ける

3 [線幅] に下記のように入力

4 [OK] をクリック

印刷すると線色ごとに割り当てた線幅で出力される

0.13 mm	———————
0.18 mm	———————
0.25 mm	———————
0.35 mm	———————
0.50 mm	———————
0.70 mm	———————
1.00 mm	———————
1.40 mm	———————

第2章 Jw_cadの基本操作と設定の便利ワザ

023

Q 線幅を画面表示に反映するには

お役立ち度 ★ ★ ★

A 線幅を表示倍率に比例して描画します

[基本設定] で [色・画面] の [線幅を表示倍率に比例して描画] にチェックマークを付けると、[プリンタ出力要素] の [線幅] で画面上に反映されます。また、チェックマークを付けないで画面上の線幅を変更したい場合は、[画面要素] の [線幅] を変更すれば、その数値が反映されます。

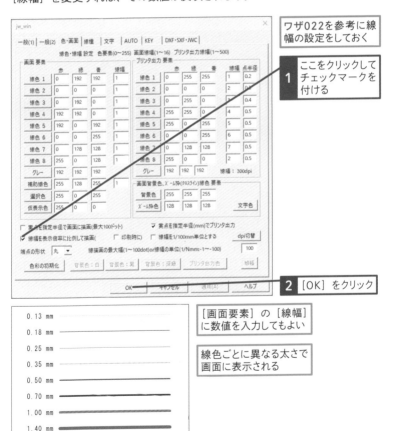

ワザ022を参考に線幅の設定をしておく

1 ここをクリックしてチェックマークを付ける

2 [OK] をクリック

0.13 mm
0.18 mm
0.25 mm
0.35 mm
0.50 mm
0.70 mm
1.00 mm
1.40 mm

[画面要素] の [線幅] に数値を入力してもよい

線色ごとに異なる太さで画面に表示される

024

お役立ち度 ★★★

A [画面要素] で個別に設定できます

[基本設定] で [色・画面] の [画面要素] にある [線色] 1 ～ 8 および [グレー] から [仮表示色] までのボタンをクリックすると [色の設定] 画面が表示されます。個別に色を選択することで、指定した線色に変更することができます。

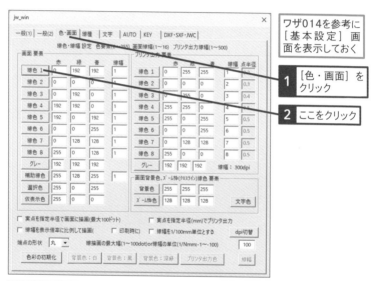

ワザ014を参考に [基本設定] 画面を表示しておく

1 [色・画面] をクリック

2 ここをクリック

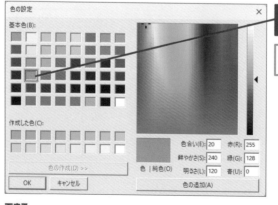

3 変更したい色をクリック

[OK] をクリックすると色が変更される

第2章 Jw_cadの基本操作と設定の便利ワザ

025

❓ 印刷時の線色を変更するには

お役立ち度 ★ ★

🅐 [プリンタ出力要素] で個別に設定できます

[基本設定] で [色・画面] の [プリンタ出力要素] にある [線色] 1 〜 8 および [グレー] のボタンをクリックすると [色の設定] 画面が表示されます。そこから変更したい色を選択することで、それぞれ指定した線色に変更することができます。

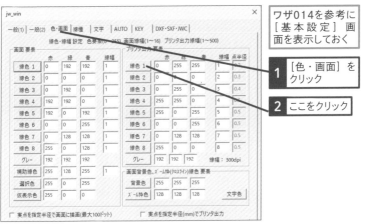

ワザ014を参考に [基本設定] 画面を表示しておく

1 [色・画面] をクリック

2 ここをクリック

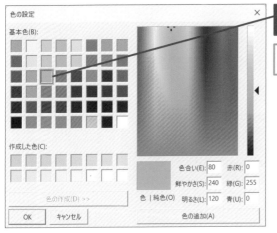

3 変更したい色をクリック

[OK] をクリックすると色が変更される

026 Q 画面の背景色を変更するには

お役立ち度 ★★★

A 3色から選択できます

画面の背景色は、[白][黒][深緑]の3色から選択できます。白以外を選択しても、印刷時に色が付くことはありません。なお、変更した背景色でも線が見やすくなるように、[画面要素]にある[赤][緑][青]の数値は自動的に変更されます。

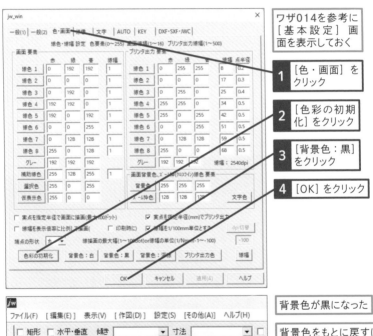

ワザ014を参考に[基本設定]画面を表示しておく

1 [色・画面]をクリック

2 [色彩の初期化]をクリック

3 [背景色:黒]をクリック

4 [OK]をクリック

背景色が黒になった

背景色をもとに戻すには操作3で[背景色:白]をクリックする

027

Q 画面に910グリッドの目盛を表示するには

お役立ち度 ★ ★ ★

A [軸角・目盛・オフセット] で設定します

画面には、指定した間隔で格子状の点（グリッド）を表示できます。これらの点は表示されるだけで印刷されません。また、右クリックで点を読み取れるので、作図の補助に使用できます。ここでは、910間隔（455間隔の補助点あり）のグリッドを表示させる方法を解説します。

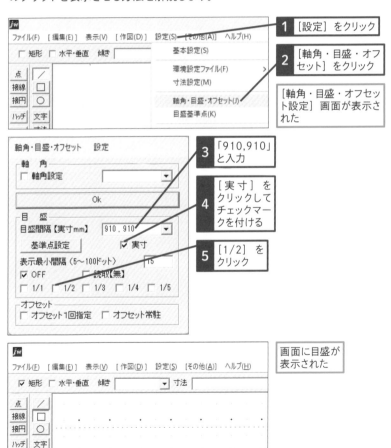

1 [設定] をクリック

2 [軸角・目盛・オフセット] をクリック

[軸角・目盛・オフセット設定] 画面が表示された

3 「910,910」と入力

4 [実寸] をクリックしてチェックマークを付ける

5 [1/2] をクリック

画面に目盛が表示された

028 ❓ 軸角を設定するには

お役立ち度 ★ ★ ★

🅰 [軸角・目盛・オフセット] 画面で入力します

軸角は、初期状態は0°に設定されていますが、任意の角度にX-Y軸を傾けることが可能です。[設定] メニューの[軸角・目盛・オフセット設定] 画面を表示して、以下のように操作してください。

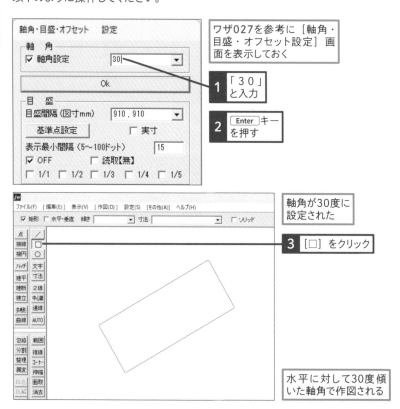

ワザ027を参考に [軸角・目盛・オフセット設定] 画面を表示しておく

1 「30」と入力

2 Enter キーを押す

軸角が30度に設定された

3 [□] をクリック

水平に対して30度傾いた軸角で作図される

関連 027 画面に910グリッドの目盛を表示するには ▶ P.51

第2章 Jw_cadの基本操作と設定の便利ワザ

029

Q 軸角設定を解除するには

お役立ち度 ★ ★ ★

A チェックマークをはずします

ワザ028で設定した軸角を解除するには、もう一度、[設定] メニューの [軸角・目盛・オフセット設定] 画面を表示して、軸角設定ボックスにチェックマークをはずして [OK] ボタンをクリックしてください。

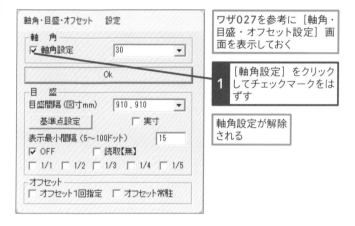

ワザ027を参考に [軸角・目盛・オフセット設定] 画面を表示しておく

1 [軸角設定] をクリックしてチェックマークをはずす

軸角設定が解除される

役立つ豆知識

軸角設定を素早く表示するには

[軸角・目盛・オフセット設定] 画面は、画面右下の [∠0] をクリックするだけでも表示されます。[∠0] の [0] はX-Y軸の傾きが0°の初期状態です。軸角を30°に変更すると [∠30] に変わります。

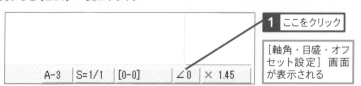

1 ここをクリック

[軸角・目盛・オフセット設定] 画面が表示される

A-3　S=1/1　[0-0]　∠0　× 1.45

できる 53

Q クロックメニューを利用するには

お役立ち度 ★ ★ ★

A 画面をクリックしながらドラッグします

画面上でマウスボタンを左または右クリックしながらドラッグすると、時計の文字盤のようなアイコンとコマンド名が表示されます。

なお、ドラッグ中にマウスボタンをクリックしたまま、ポインターを文字盤の中央に戻してボタンを離すと、コマンドをキャンセルできます。

第2章 Jw_cadの基本操作と設定の便利ワザ

●クロックメニューを
　使用する

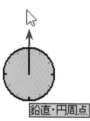

鉛直・円周点

マウスボタンを押しながらドラッグするとクロックメニューが表示される

●クロックメニューを
　キャンセルする

キャンセル

マウスボタンを押したままドラッグした方向と逆方向にドラッグし、ボタンをはなすとキャンセルできる

●クロックメニュー一覧

	左メニュー	右メニュー
0時（AM）	文字	鉛直・円周点
1時（AM）	線・矩形	線・矩形
2時（AM）	円・円弧	円・円弧
3時（AM）	包絡	中心点・A点
4時（AM）	範囲選択	戻る
5時（AM）	線種変更	進む
6時（AM）	属性取得	オフセット
7時（AM）	複写・移動	複写・移動
8時（AM）	伸縮	伸縮
9時（AM）	AUTO	線上点・交点
10時（AM）	消去	消去
11時（AM）	複線	複線
0時（PM）	【角度±反転】	数値長
1時（PM）	■矩形	鉛直角
2時（PM）	15度毎	2点間角
3時（PM）	■水平・垂直	X軸角度
4時（PM）	建具断面	線角度
5時（PM）	建具平面	軸角取得
6時（PM）	【全】属性取得	数値角度
7時（PM）	ハッチ	(-) 軸角
8時（PM）	連続線	(-) 角度
9時（PM）	中心線	X軸 (-) 角度
10時（PM）	2線	2点間長
11時（PM）	寸法	線長取得

031

Q クロックメニューの文字盤の
種類を教えて！

お役立ち度 ★ ★ ★

A 全部で4種類あります

クロックメニューは、左クリックしてドラッグした場合と右クリックしてドラッグした場合で表示が変化し、また、ドラッグした方向を逆にドラッグすることで「AM」から「PM」に表示が切り替わります。このため、左右のAMとPMの文字盤を合計して4種類あります。文字盤が薄い灰色はAM、濃い灰色はPMで区別されています。表示方法は以下で確認してください。なお、クロックメニューを表示してから押していない方のマウスボタンを押すと、午前と午後を切り替えることができます。

●左AM

左クリックをしてドラッグすると左AM
メニューが表示される

●左PM

左AMメニューを表示した状態でマウス
ボタンを押したまま文字盤の中央に戻
し、同じ方向にドラッグすると左PMメ
ニューが表示される

●右AM

右クリックをしてドラッグすると右AM
メニューが表示される

●右PM

右AMメニューを表示した状態でマウス
ボタンを押したまま文字盤の中央に戻
し、同じ方向にドラッグすると右PMメ
ニューが表示される

お役立ち度 ★★★

A ［基本設定］で使用しない設定にできます

範囲選択などをするとき、クリックしたはずがドラッグになってしまい、クロック
メニューが不意に表示されることがあります。そんなとき、クロックメニューを
使用できなくする設定があります。だだし、使用しない設定にしても、ワザ033
の4つのクロックメニューだけは使えます。

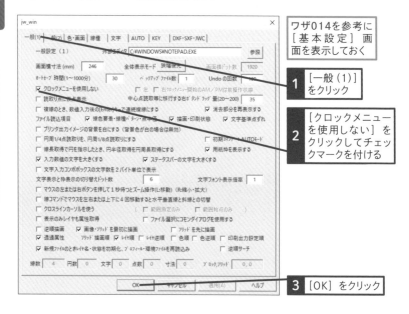

ワザ014を参考に
［基本設定］画
面を表示しておく

1 ［一般（1）］
をクリック

2 ［クロックメニュー
を使用しない］を
クリックしてチェック
マークを付ける

3 ［OK］をクリック

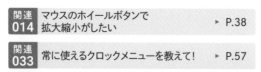

関連 マウスのホイールボタンで
014 拡大縮小がしたい　　　　　　　　　▶ P.38

関連
033 常に使えるクロックメニューを教えて!　▶ P.57

第2章 Jw_cadの基本操作と設定の便利ワザ

033

Q 常に使えるクロックメニューを教えて!

A 以下の4つは常に使用できます

ワザ032でクロックメニューを使えない設定にした場合でも、使えるクロックメニューが4つあります。共にAMの文字盤で、マウスの右ボタンを押しながら上（鉛直・円周点）、右（中心点・A点）、下（オフセット）、左（線上点・交点）へドラッグします。

●鉛直・円周点

右ボタンを押しながら
上にドラッグする

●中心点・A点

右ボタンを押しながら
右にドラッグする

●オフセット

右ボタンを押しながら
下にドラッグする

●線上点・交点

右ボタンを押しながら
左にドラッグする

関連 クロックメニューの文字盤の種類を
031 教えて! ▶ P.55

034

Q 座標入力のルールを教えて!

お役立ち度 ★ ★ ★

A 以下の3通りの方法があります

たとえば、長方形は [寸法] に [X方向の長さ,Y方向の長さ] のように座標入力して作図しますが、[,] コンマの代わりに [..] ピリオド2つで代用することができます。また、正方形のようにX方向とY方向の長さが同じ場合は、X方向の長さを入力するだけで認識してくれます。

●コンマで区切って入力する

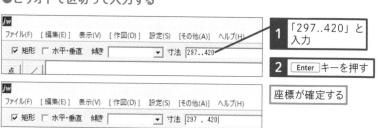

1 「297,420」と入力

2 Enter キーを押す

座標が確定する

●ピリオドで区切って入力する

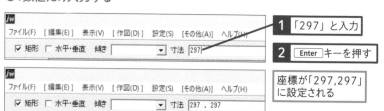

1 「297..420」と入力

2 Enter キーを押す

座標が確定する

●1数値だけ入力する

1 「297」と入力

2 Enter キーを押す

座標が「297,297」に設定される

035 Q 数値を計算式で入力するには

お役立ち度 ★★ **A 特殊な記号を使って数式を入力します**

[寸法] や [傾き] などの入力ボックスには、数値だけでなく計算式も入力できます。「×」や「÷」などの演算記号は、それぞれ「*」や「/」に置き換えます。詳しくは下表を参考にしてください。下の例において、半径50の円の円周長に等しい線分を引くには、[寸法] 欄に [2*P*50] と入力します。なお P キーを押すと P キーが割り当てられている [パラメトリック変形] というコマンドが実行されてしまうので、P を入力するときは Shift キーを押しながら P キーを押します。

第2章 Jw_cadの基本操作と設定の便利ワザ

●計算式で数値を入力する

1 「2*P*50」と入力

2 Enter キーを押す

計算結果が入力された

●演算に利用できる記号

演算の内容	入力する記号
加算	+
減算	−
乗算	*
除算	/
開きかっこ、閉じかっこ	[ ]
べき乗	^
平方根	[^.5]
円周率	pまたはP

できる 59

036

Q マウスのボタン操作を
確認するには

お役立ち度 ★★

A ステータスバーの表示を参照しましょう

Jw_cadでは、実行しているコマンドに応じて画面左下のステータスバーにマウス操作のヒントが表示されます。下の［始点を指示してください］のように教えてくれます。また、その場合の操作として［(L) free］は自由点の場合、左クリック、［(R) Read］は読み取り点の場合、右クリックを意味します。

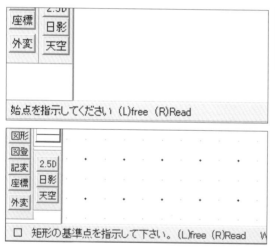

実行しているコマンドに応じてステータスバーにマウス操作のヒントが表示される

役立つ豆知識

［実寸］チェックボックスはどう使うの?

コントロールバーに［実寸］というチェックボックスを持つコマンドがあります。原寸（1:1）の図面では、このチェックマークの有無は作図に影響しません。原寸以外で作図すると、CADデータの長さと印刷したときの長さが異なるので、紙上の長さなのか、製品の実長で指定するのかをチェックマークの有無で切り替えます。［実寸］にチェックマークを付けると図面の実長、チェックマークがないときは印刷した紙の上での長さになります。

☑ 実寸 クリアー 範囲選択

チェックマークを付けると
実寸で長さを指定できる

第3章

線や点を
作図するには

ここでは、おもに［／］コマンドの使用方法に焦点を当て、長さや角度を指定する手法について説明します。［／］コマンドのオプションは、他のコマンドでも応用できる共通のテクニックです。

037

お役立ち度 ★★★

A ［／］コマンドを実行します

サンプル

線分を引くには ［／］ コマンドを実行するか、Ｈキーを押します。始点を画面上の適当な場所でクリックし、終点を画面上の適当な場所でクリックすれば線が作図できます。左クリックすると、マウスポインター先端の任意点を、右クリックすると端点や交点を読み取れます。

●任意の端点を指定して作図する

第**3**章 線や点を作図するには

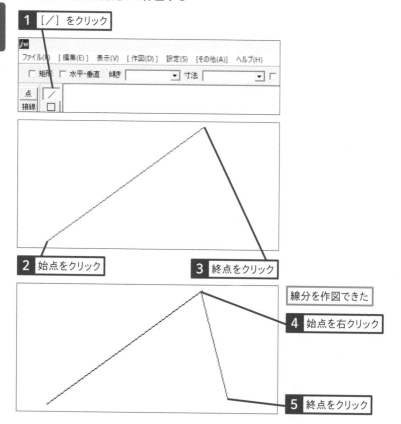

1 ［／］ をクリック

2 始点をクリック

3 終点をクリック

線分を作図できた

4 始点を右クリック

5 終点をクリック

●端点を読み取って作図する

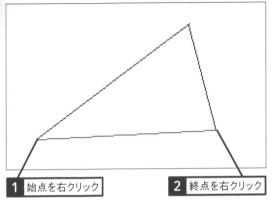

[／] をクリック
しておく

1 始点を右クリック

2 終点を右クリック

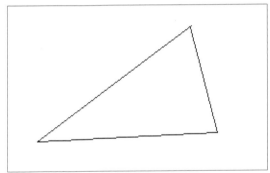

端点を指定して線分を
作図できた

第**3**章

線や点を作図するには

 クロック
メニュー

左1　線・矩形

関連
038 水平・垂直な線分を引くには　　　► P.64

038

お役立ち度 ★★★

A [水平・垂直] に
チェックマークを付けます

サンプル

[／] コマンドを実行し、[水平・垂直] にチェックマークを付けるか、[／] を
2回クリックすると [水平・垂直] にチェックマークが付き、カーソルの動きが上
下左右だけに固定されます。また、キーボードの space キーを押すことでも、[水
平・垂直] のオンとオフを切り替えできます。

1 [／] をクリック

ファイル(F) [編集(E)] 表示(V) [作図(D)] 設定(S) [その他(A)] ヘルプ(H)
□ 矩形 ☑ 水平・垂直 傾き [　　　▼] 寸法 [　　　▼] □
点 ／
接線 □

2 [水平・垂直] をクリックしてチェックマークを付ける

3 始点をクリック   **4** 終点をクリック

水平な線分を
作図できた

垂直方向に終点を
指示すると垂直な
線分を作図できる

🕐 クロック
メニュー   ／ 左1　線・矩形

第3章　線や点を作図するには

039 Q 長さを指定して線分を引くには

お役立ち度 ★★★

A [寸法] に数値を入力します

サンプル

[/] コマンドを実行し、[寸法] に線分の長さを入力します。始点を指定すると、入力した長さで赤い線がガイドとして表示されるので、方向を決めてクリックします。[寸法] の「▼」をクリックすると、最近使用した数値が表示されるので、リストからも長さを選択できます。

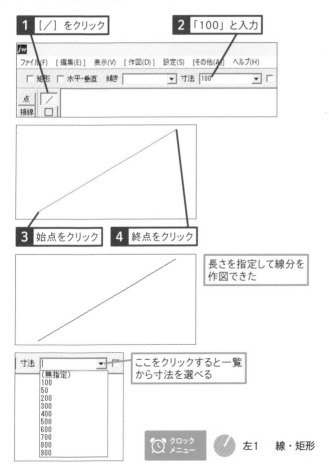

1 [/] をクリック

2 「100」と入力

3 始点をクリック

4 終点をクリック

長さを指定して線分を作図できた

寸法 |

ここをクリックすると一覧から寸法を選べる

(無指定)
100
50
200
300
400
500
600
700
800
900

クロックメニュー

左1　線・矩形

040

Q 角度を指定して線分を引くには

お役立ち度 ★★★

A [傾き] に数値を入力します

サンプル

角度を指定するには [／] コマンドを実行し、[傾き] に線分の角度を入力します。
始点を指定すると、入力した方向に赤い線がガイドとして表示されるので、長さ
を決めてクリックします。[傾き] の「▼」をクリックすると、最近使用した数値
が表示されるので、リストからも角度を選択できます。

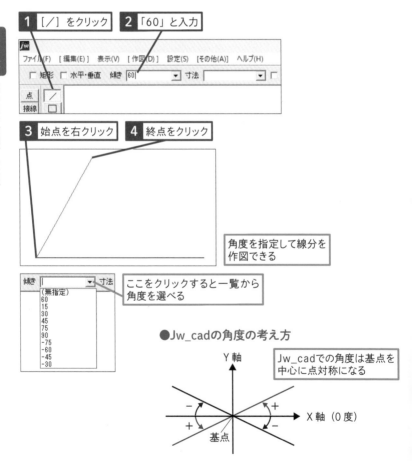

1 [／] をクリック

2 「60」と入力

```
Jw
ファイル(F)  [編集(E)]  表示(V)  [作図(D)]  設定(S)  [その他(A)]  ヘルプ(H)
□ 矩形 □ 水平・垂直  傾き 60         ▼ 寸法         ▼ □
点   ／
接線 □
```

3 始点を右クリック

4 終点をクリック

角度を指定して線分を
作図できる

```
傾き           ▼ 寸法
   (無指定)
   60
   15
   30
   45
   75
   90
   -75
   -60
   -45
   -30
```

ここをクリックすると一覧から
角度を選べる

●Jw_cadの角度の考え方

Jw_cadでの角度は基点を
中心に点対称になる

Y軸

X軸（0度）

基点

第3章 線や点を作図するには

041

Q 角度を度分秒で入力するには

お役立ち度 ★★

A 数値を「@」で区切って入力します

サンプル

角度は「度」より小さい「分」や「秒」という単位も利用できます。1度は60分、1分は60秒です。[傾き] に「度分秒」で入力する場合は、半角の「@@」「@」を区切り記号として使います。例えば「30度15分20秒」と指定するときは「30@@15@20」と入力します。

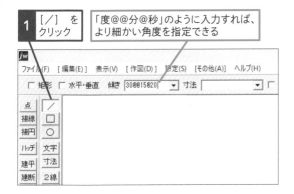

1 [／] をクリック

「度@@分@秒」のように入力すれば、より細かい角度を指定できる

役立つ豆知識

簡単に15度刻みの線分を引くには

[／] コマンドを実行し、[15度毎] にチェックマークを付けると、[傾き] が空欄でも、カーソルを動かすと15度刻みで赤いガイドが止まります。また、[水平・垂直] にチェックマークが付いている場合は、15度刻みが優先されます。

1 [／] をクリック

[15度毎] をクリックすると15度刻みの線分を作図できる

042

お役立ち度 ★★★

A 先頭に「 // 」と入力します

サンプル

建築図面では、傾きを角度ではなく水平と垂直な長さの比で表す「勾配」が使われます。[傾き] に勾配を入力する場合は、数値の先頭に「//」を付けます。例えば、4/10（4寸勾配）の線を作図するには、[／] コマンドを実行し、[傾き] に「//0.4」と入力します。勾配を逆向きにする場合は数値の前に「−」（マイナス）を付けます。

●小数で勾配を入力する

1 [／] を クリック
2 「//0.4」と 入力

始点と終点を指示すると指示した
勾配の線分を作図できる

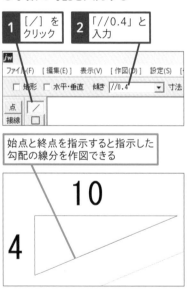

●分数で勾配を入力する

1 [／] を クリック
2 「//（1/8）」と 入力

始点と終点を指示すると指示した
勾配の線分を作図できる

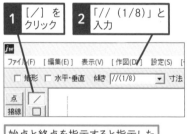

クロック
メニュー

左1　線・矩形

043

Q 始点や終点に「●」が付く
線分を引くには

お役立ち度 ★★★

A [●---] をクリックします

サンプル

線を作図する際、同時に端部に [●] を付けることができます。[／] コマンド
をクリックし [●———] の左側にチェックマークを付け [●———] をクリッ
クすれば [———●] [●———●] の順で切り替わります。

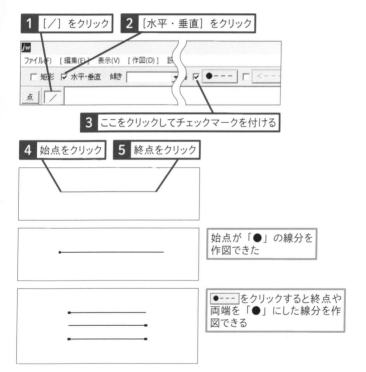

1 [／] をクリック 2 [水平・垂直] をクリック

3 ここをクリックしてチェックマークを付ける

4 始点をクリック 5 終点をクリック

始点が「●」の線分を
作図できた

●--- をクリックすると終点や
両端を「●」にした線分を作
図できる

 クロック
メニュー   左1   線・矩形

 関連
044 始点や終点に「>」が付く線分を
引くには ▶ P.70

044

Q 始点や終点に「>」が付く 線分を引くには

お役立ち度 ★★★

A [<---] をクリックします

サンプル

線を作図する際、同時に端部に [>] を付けることができます。[/] コマンドを実行し [<———] の左側にチェックマークを付け [<———] をクリックすれば [———>] [<———>] の順で切り替わります。

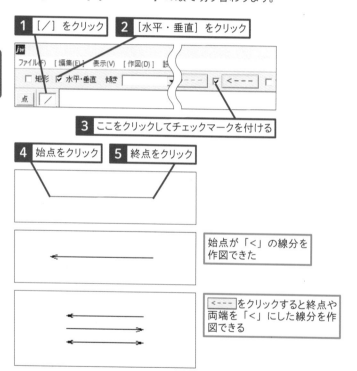

1 [/] をクリック　　2 [水平・垂直] をクリック

3 ここをクリックしてチェックマークを付ける

4 始点をクリック　　5 終点をクリック

始点が「<」の線分を作図できた

<---> をクリックすると終点や両端を「<」にした線分を作図できる

クロックメニュー　　 左1　線・矩形

関連 始点や終点に「●」が付く線分を
043 引くには　　　　　　　　　▶ P.69

第3章　線や点を作図するには

70　**できる**

045

Q 線の端部に後から「>」を付けるには

お役立ち度 ★★★

A 線分をクリックします

サンプル

すでに作図した線の端部を矢印にすることができます。[／] コマンドを実行し、[<] の左側にチェックマークを付け、矢印を付けたい側に近い線上をクリックすると端部に「<」が追加されます。なお、作業後は必ずチェックマークをはずすようにしましょう。

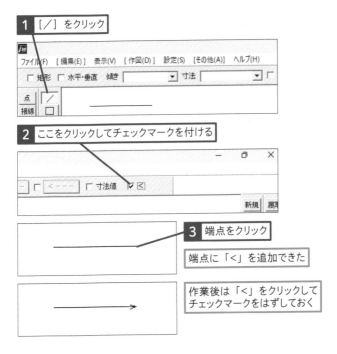

1 [／] をクリック

2 ここをクリックしてチェックマークを付ける

3 端点をクリック

端点に「<」を追加できた

作業後は「<」をクリックして
チェックマークをはずしておく

 クロック
メニュー 左1 線・矩形

関連 **043** 始点や終点に「●」が付く線分を引くには ▶ P.69

046 Q 線を引くときに寸法値を表示するには

お役立ち度 ★★

A [寸法値] にチェックマークを付けます

サンプル

線を作図する際、同時に寸法値を表示することができます。[／] コマンドを実行して [寸法値] の左側にチェックマークを付け、画面上の適当な場所 (始点) をクリックし、続けて画面上の適当な場所 (終点) をクリックすると、線の上に長さを示す寸法値が表示されます。

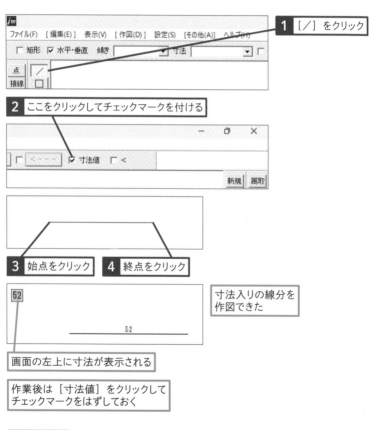

1 [／] をクリック

2 ここをクリックしてチェックマークを付ける

新規 属取

3 始点をクリック　**4** 終点をクリック

寸法入りの線分を作図できた

画面の左上に寸法が表示される

作業後は [寸法値] をクリックしてチェックマークをはずしておく

クロックメニュー　／ 左1　線・矩形

047

Q 他の線の中点に 線分を引くには

動画で見る

お役立ち度 ★ ★ ★

A クロックメニューを活用します

サンプル

線分の中点や円（円弧）の中心を取得するには、クロックメニューの［中心点・A点］を使うと便利です。この機能は［基本設定］画面の［一般（1）］タブの項目で［クロックメニューを使用しない］にチェックマークを付けていても使用できます。

●直線の中点を指定する

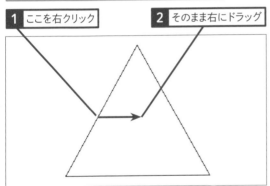

ワザ037を参考に［／］コマンドを実行しておく

1 ここを右クリック

2 そのまま右にドラッグ

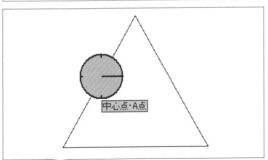

［中心点・A点］が表示された

3 マウスボタンをはなす

始点として線分の中点が指定された

この操作を以降は右ドラッグと表記する

中心点・A点

次のページに続く →

●線分を作図する

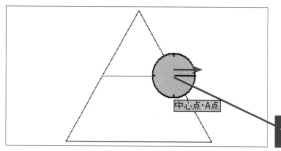

中心点・A点

1 ここを右方向に右ドラッグ

終点として線分の中点が指定され、線分が作図された

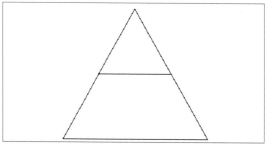

●円の中心を取得する

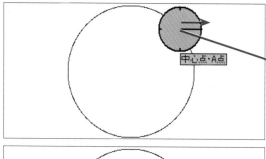

ワザ037を参考に[／]コマンドを実行しておく

1 円周上で右方向に右ドラッグ

中心点・A点

円の中心点が取得できた

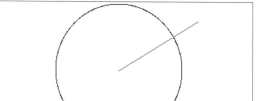

048

Q 正方形の中心から
線分を引くには

お役立ち度 ★★★

A [中心点・A点] を使います

サンプル

クロックメニューの[中心点・A点] は、ドラッグを始める位置が線上だと[中心点]
を取得しますが、端点 (頂点) を時計の3時方向に右ボタンドラッグし、続けて
もう一つの端点 (頂点) を右クリックすると2点間の中点を取得できます。

ワザ037を参考に [／] コマンドを実行しておく

1 ここを右方向に右ドラッグ

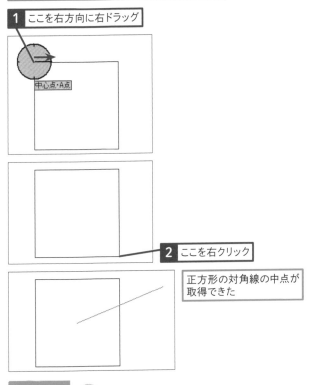

中心点・A点

2 ここを右クリック

正方形の対角線の中点が
取得できた

🕐 クロック
メニュー　　　🖊 左1　　線・矩形

関連
037 線分を引くには　　　　　　　▶ P.62

049

Q 角度が不明の斜線に対して
平行な線を引くには

お役立ち度 ★★★

A [線角] コマンドを使います

サンプル

[/] コマンドを実行してから [線角] をクリックして、角度不明の線上をクリックすることで角度が取得できます。このとき、[傾き] の右側にその角度が表示されます。続けて線を作図すれば、角度不明の線と平行な線が作図できます。

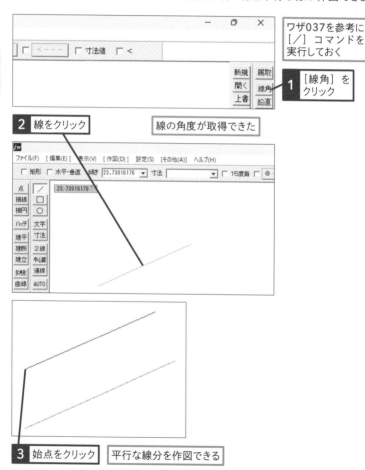

ワザ037を参考に
[/] コマンドを
実行しておく

1 [線角] を
クリック

2 線をクリック

線の角度が取得できた

線の角度が取得できた

3 始点をクリック

平行な線分を作図できる

第**3**章　線や点を作図するには

050

Q 角度が不明の斜線に対して垂直な線を引くには

お役立ち度 ★★★

A [鉛直] コマンドを使います

サンプル

第3章 線や点を作図するには

[/] コマンドを実行し、[鉛直] をクリックして、角度不明の線上をクリックすることで角度不明な線に対して垂直な角度が取得できます。[傾き] の右側にはその角度が表示されます。続けて線を作図すると、角度不明の線と垂直な線を作図できます。

ワザ037を参考に [/] コマンドを実行しておく

1 [鉛直] をクリック

2 線をクリック

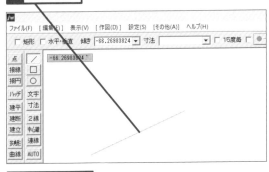

線に対して垂直な角度が取得できた

3 始点をクリック

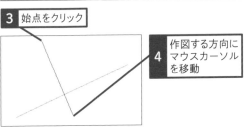

4 作図する方向にマウスカーソルを移動

垂直な線分を作図できる

ⓠ 線上の任意点に線を引くには

お役立ち度 ★ ★ ★

Ⓐ ［線上点・交点］を使います

サンプル

［／］コマンドを実行し、線上で左方向へ右ドラッグすると線上の任意点が指定できます。続けて線上の適当な位置をクリックすると線上点が取得できます。この機能は［基本設定］画面の［一般 (1)］タブの項目で［クロックメニューを使用しない］にチェックマークを付けていても使用できます。

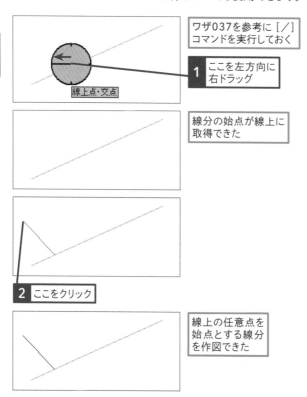

ワザ037を参考に［／］コマンドを実行しておく

1 ここを左方向に右ドラッグ

線分の始点が線上に取得できた

2 ここをクリック

線上の任意点を始点とする線分を作図できた

クロックメニュー　　左1　　線・矩形

052

Q 円周上から法線を引くには

お役立ち度 ★ ★ ★

A [鉛直・円周点] を使います

サンプル

[／] コマンドを実行し、円周上で上方向へ右ドラッグすると、円周上の任意点が指定でき、円周上から放射状の線を簡単に作図できます。この機能は [基本設定] 画面の [一般(1)] タブの項目で [クロックメニューを使用しない] にチェックマークを付けていても使用できます。

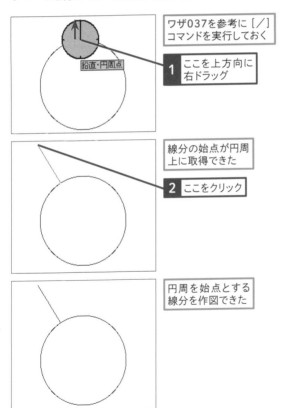

ワザ037を参考に [／]
コマンドを実行しておく

1 ここを上方向に
右ドラッグ

線分の始点が円周
上に取得できた

2 ここをクリック

円周を始点とする
線分を作図できた

クロック
メニュー

／ 左1 線・矩形

Q 円の内側に十字線を引くには

お役立ち度 ★★

A ［鉛直・円1/4点］を使います

サンプル

［／］コマンドを実行し、［水平・垂直］にチェックマークを付け、円周上の上下左右で上方向へ右ドラッグすると、円の上下左右の4つの点をそれぞれ取得できます。この機能も［基本設定］画面の［一般 (1)］タブの項目で［クロックメニューを使用しない］にチェックマークを付けていても使用できます。

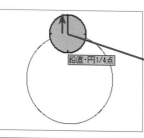

ワザ046を参考に［／］コマンドを実行し［水平・垂直］にチェックマークを付けておく

1 ここを上方向に右ドラッグ

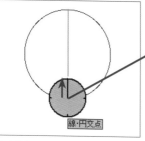

線分の始点が円周上に取得できた

2 ここを上方向に右ドラッグ

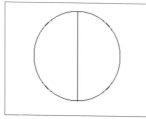

垂直な線分を作図できた

同様の手順で円の横から水平線を作図できる

クロックメニュー ／ 左1 線・矩形

（左余白）第**3**章 線や点を作図するには

054 ❷ 連続した線を引くには

お役立ち度 ★ ★ ★

Ⓐ [連線] コマンドを使います

サンプル

[連線] コマンドを実行すると、始点から連続で折線を作図することができます。
終了したいときはコントロールバーの [終了] をクリックします。

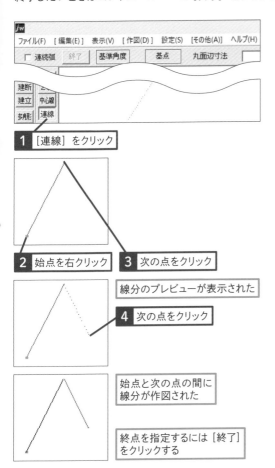

1 [連線] をクリック

2 始点を右クリック

3 次の点をクリック

線分のプレビューが表示された

4 次の点をクリック

始点と次の点の間に
線分が作図された

終点を指定するには [終了]
をクリックする

055 Q 角度を指定して連続した線を引くには

お役立ち度 ★★

A [基準角度] をクリックします

サンプル

[連線] コマンドを実行して [基準角度] をクリックすると、[角度15度毎] [角度45度毎] [角度（無指定）] の順に切り替わり、角度を指定して作図できます。角度の指定を解除するときは [終了] をクリックします。

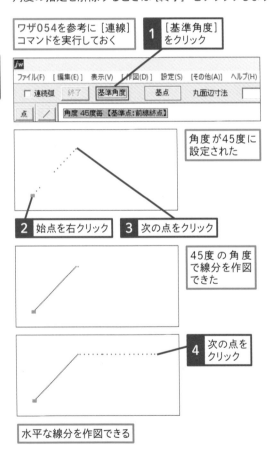

ワザ054を参考に [連線] コマンドを実行しておく

1 [基準角度] をクリック

角度が45度に設定された

2 始点を右クリック

3 次の点をクリック

45度の角度で線分を作図できた

4 次の点をクリック

水平な線分を作図できる

第3章 線や点を作図するには

82 **できる**

第4章

円と接線、接円を
作図するには

ここでは、円・楕円や円弧の作図方法などをおもに
[○] コマンド、[接円] コマンドを使って解説します。

056

ⓠ 円・円弧を作図するには

お役立ち度 ★★★

Ⓐ ［○］コマンドを使用します

サンプル

［○］コマンドは、円や円弧を作図するコマンドです。［○］コマンドをクリックし、円の中心を指定し、円周の位置（半径）を指定すれば、円が作図できます。また、円弧の作図はコントロールバーの［円弧］にチェックを付けてから操作を行い、最後に作図する始点と終点を指定しましょう。

●円を描く

1 ［○］をクリック

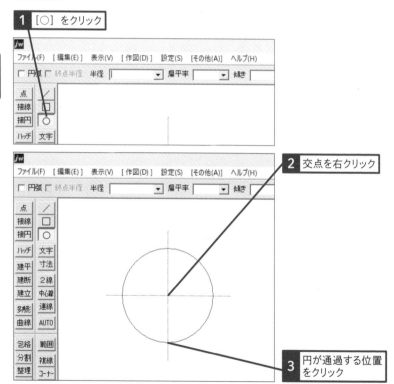

2 交点を右クリック

3 円が通過する位置をクリック

●円弧を描く

1 [○] をクリック

2 [円弧] をクリックしてチェックマークを付ける

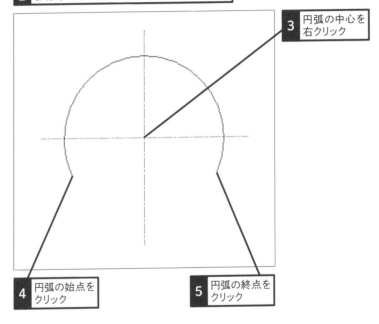

3 円弧の中心を右クリック

4 円弧の始点をクリック

5 円弧の終点をクリック

クロックメニュー　左2　円・円弧

057

Q 半径を指定して
円を作図するには

お役立ち度 ★★★

A [半径] に数値を入力します

サンプル

[○] コマンドをクリックし、円の中心を指定 (円の中心が交点の場合は右クリック、自由点の場合はクリック) し、コントロールバーの [半径] に数値を入力すれば、指定した半径の円が作図できます。

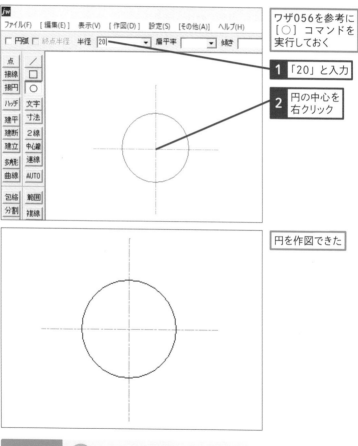

ワザ056を参考に
[○] コマンドを
実行しておく

1 「20」と入力

2 円の中心を
右クリック

円を作図できた

クロック
メニュー　　左2　円・円弧

第4章 円と接線、接円を作図するには

058

Q 中心以外を基点として
円を作図するには

お役立ち度 ★★★

A [基点] をクリックして
切り替えます

サンプル

[○] コマンドをクリックし、半径を指定すると、コントロールバーの[基点] が[中・中] となり、[中・中] を押すごとに、[左・上] → [左・中] → [左・下] → [中・下] → [右・下] → [右・中] → [右・上] → [中・上] → [中・中] と円の基点が変更されます。

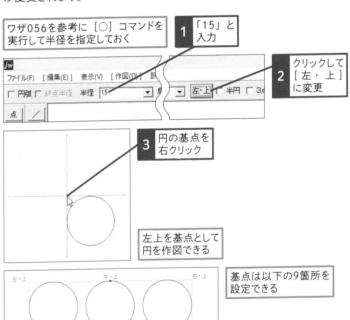

ワザ056を参考に [○] コマンドを
実行して半径を指定しておく

1 「15」と
入力

2 クリックして
[左・上]
に変更

3 円の基点を
右クリック

左上を基点として
円を作図できる

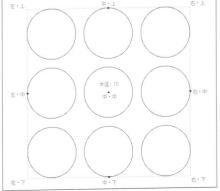

基点は以下の9箇所を
設定できる

059

Q 指定した2つの点を直径とする円を作図するには

A [基点] を [外側] に切り替えます

サンプル

[○] コマンドをクリックし、コントロールバーの [基点] をクリックすると [外側] に変わります。次に、指定した2つの場所を続けてクリック (点や交点・端点なら右クリック) することで、指定した2つの点を直径とする円を作図できます。

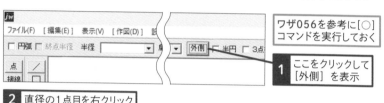

ワザ056を参考に[○] コマンドを実行しておく

1 ここをクリックして [外側] を表示

2 直径の1点目を右クリック

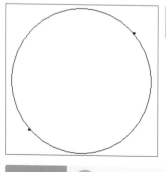

3 直径の2点目を 右クリック

2つの点を通る円を 作図できた

クロック
メニュー　左2　円・円弧

060

Q 指定した2つの点を直径と
する半円を作図するには

お役立ち度 ★★

A [半円] にチェックマークを
付けます

サンプル

まず [○] コマンドをクリックし、コントロールバーの [半円] にチェックマーク
を付けます。次に、指定した2つの場所を続けてクリック (点や交点・端点なら
右クリック) することで、指定した2つの点を直径とする半円を作図できます。
なお、半円の向きはマウスを動かして決めます。

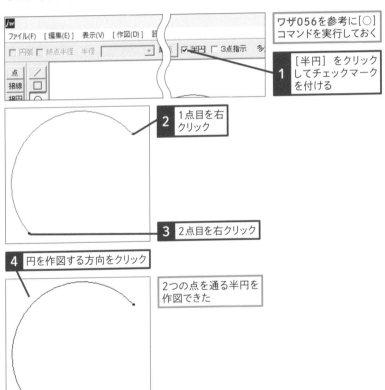

ワザ056を参考に[○]
コマンドを実行しておく

1 [半円] をクリック
してチェックマーク
を付ける

2 1点目を右
クリック

3 2点目を右クリック

4 円を作図する方向をクリック

2つの点を通る半円を
作図できた

第**4**章

円と接線、接円を作図するには

クロック
メニュー

左2　円・円弧

できる　89

Q 指定した3つの点を通過する円を作図するには

お役立ち度 ★★★

A [3点指示] をクリックします

サンプル

3つの点を通過する円を作図するときは、[○] コマンドをクリックし、コントロールバーの [3点指示] にチェックを付けます。指定した3つの場所を続けてクリック（点や交点・端点なら右クリック）することで、指定した3つの点を通過する円を作図できます。

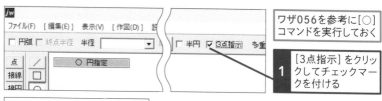

ワザ056を参考に[○]コマンドを実行しておく

1 [3点指示] をクリックしてチェックマークを付ける

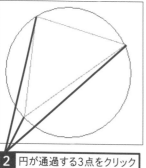

2 円が通過する3点をクリック

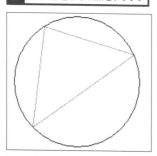

3点を通る半円を作図できた

第4章 円と接線、接円を作図するには

 クロックメニュー　左2　円・円弧

062

Q 多重円を作図するには

お役立ち度 ★ ★ ★

A [多重円] に数値を入力します

サンプル

中心が重なった円を作図するには、[○] コマンドをクリックし、[半径] に数値を入力します。続いて、コントロールバーの [多重円] に多重となる円の数値を入力（プルダウンから選択でも可能）して、中心となる場所をクリック（点や交点・端点なら右クリック）します。半径を指定せずに自由な半径で作図することもできます。

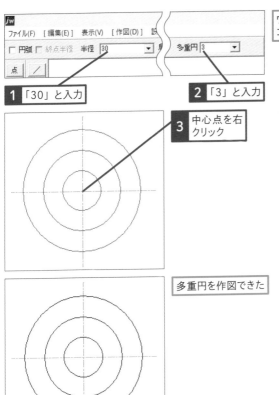

```
Jw
ファイル(F)  [編集(E)]  表示(V)  [作図(D)]  設
□ 円弧 □ 絵点半径  半径 30  ▼  月  多重円 3  ▼
点  /
```

> ワザ056を参考に[○]
> コマンドを実行しておく

1 「30」と入力

2 「3」と入力

3 中心点を右クリック

多重円を作図できた

063

Q 長径と短径の比率で
楕円を作図するには

お役立ち度 ★★★

A [扁平率] に比率を入力します

サンプル

長径と短径の比率を決めて楕円を作図するには、[○] コマンドをクリックし、[半径] に楕円の長い方の半径を入力します。[扁平率] には長径に対する短径の比を入力します。右下の「四角形に内接する楕円を描く」ときは、楕円の基点を[中・中] を押して、[左・上] に変更して作図できます。

●楕円を描く

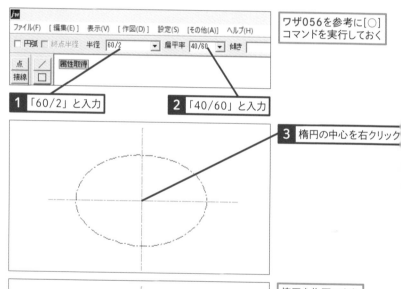

ワザ056を参考に[○]
コマンドを実行しておく

1 「60/2」と入力

2 「40/60」と入力

3 楕円の中心を右クリック

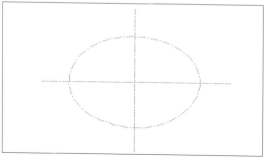

楕円を作図できた

●四角形に内接する楕円を描く

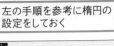
左の手順を参考に楕円の設定をしておく

1 クリックして [左・上] を表示

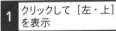

2 ここを右クリック

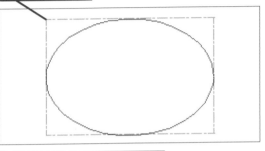

四角形に内接する楕円を作図できた

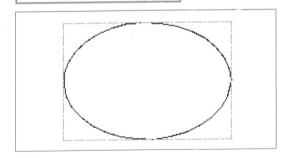

第4章 円と接線、接円を作図するには

クロックメニュー　左2　円・円弧

064

Q 長径と短径の3点を指定して楕円を作図するには

お役立ち度 ★★★

A [接円] コマンドを使用します

サンプル

楕円の長径と短径の位置を画面上で指定したいときは [接円] コマンドを使用します。[接円] コマンドをクリックし、コントロールバーの [接楕円] をクリックしてから [3点指示] をクリックし、長軸または短軸の両端の点と、もう片方の軸の端点の合計3点を指示すると楕円を作図できます。

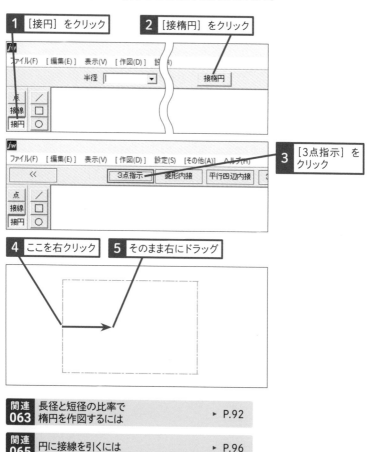

1 [接円] をクリック

2 [接楕円] をクリック

3 [3点指示] をクリック

4 ここを右クリック

5 そのまま右にドラッグ

関連 064	長径と短径の比率で楕円を作図するには	▶ P.92
関連 065	円に接線を引くには	▶ P.96

第4章 円と接線、接円を作図するには

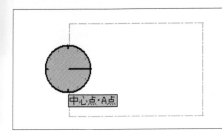

[中心点・A点] が
表示された

6 マウスボタンを
はなす

楕円が通過する点が
指定された

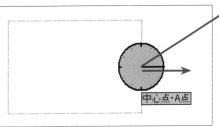

7 ここを右方向に右
ボタンドラッグ

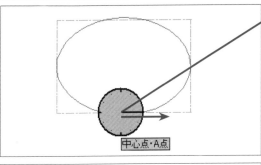

8 ここを右方向に右
ボタンドラッグ

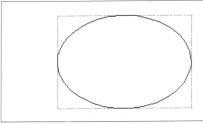

長方形に内接する楕円
を作図できた

065

Q 円に接線を引くには

お役立ち度 ★★★

A [接線] コマンドを使用します

サンプル

[接線] コマンドをクリックし、コントロールバーの [点→円] を選択し、最初に画面上の任意の場所をクリック (点や交点・端点なら右クリック) し、次に円上をクリックすると、円周上の点を自動で選んで接線を引くことができます。

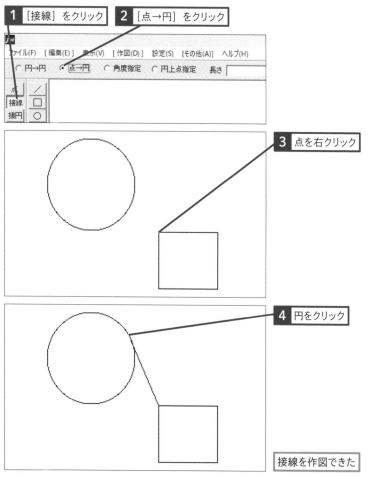

1 [接線] をクリック 2 [点→円] をクリック

ファイル(F) [編集(E)] 表示(V) [作図(D)] 設定(S) [その他(A)] ヘルプ(H)
○ 円→円 ● 点→円 ○ 角度指定 ○ 円上点指定 長さ

点 / 接線 □ 接円 ○

3 点を右クリック

4 円をクリック

接線を作図できた

066

Q 円周上の点を指定して接線を引くには

お役立ち度 ★ ★ ★

A [円上点指定] を使用します

サンプル

円周上の点を指定するには、[接線] コマンドをクリックし、コントロールバーの[円上点指定] を選択します。次に円をクリックして点を指定します。下記の例では、円の上部を右ドラックし、円周4分の1点を指定して、その点を通る水平な接線を作図しています。

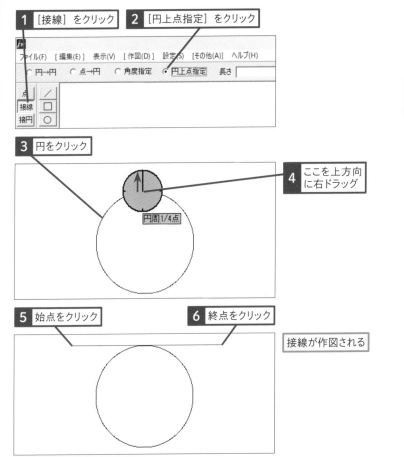

1 [接線] をクリック

2 [円上点指定] をクリック

ファイル(F) [編集(E)] 表示(V) [作図(D)] 設定(S) [その他(A)] ヘルプ(H)

○ 円→円 ○ 点→円 ○ 角度指定 ● 円上点指定 長さ

点 /
接線 □
接円 ○

3 円をクリック

4 ここを上方向に右ドラッグ

円周1/4点

5 始点をクリック

6 終点をクリック

接線が作図される

067

Q 指定した角度で
円に接線を引くには

お役立ち度 ★ ★ ★

A [角度指定] を使用します

サンプル

[接線] コマンドをクリックし、コントロールバーの [角度指定] を選択し、角度ボックスに角度を入力します。次に指定した角度の接線が円の両側にあるので、どちら側に引くかを考えて近い方の円をクリックします。角度は右上がりをプラス、右下がりをマイナスで入力します。

第4章 円と接線、接円を作図するには

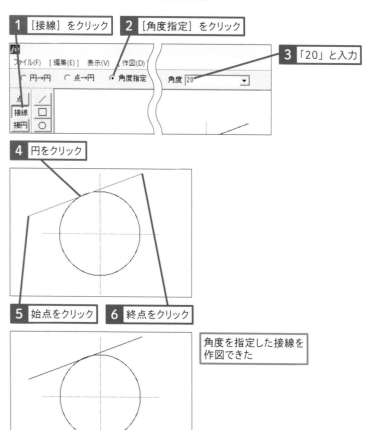

1 [接線] をクリック　　2 [角度指定] をクリック

3 「20」と入力

ファイル(F)　[編集(E)　表示(V)　作図(D)

○ 円→円　○ 点→円　● 角度指定　　角度 20

点　／
接線　□
接円　○

4 円をクリック

5 始点をクリック　　6 終点をクリック

角度を指定した接線を
作図できた

068 ® 2つの円に接線を引くには

お役立ち度 ★★★

Ⓐ [円→円] を使用します

サンプル

[接線] コマンドをクリックし、コントロールバーの [円→円] を選択します。次に、2つの円をクリックするのですが、2つの円には4本の接線が存在しますので、クリックした2つの位置で、一番近い接点が選ばれます。

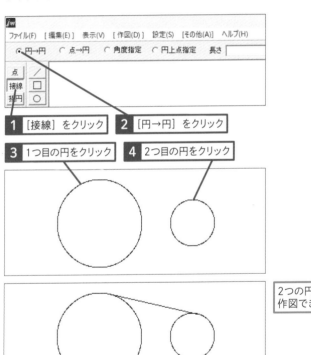

1 [接線] をクリック 2 [円→円] をクリック

3 1つ目の円をクリック 4 2つ目の円をクリック

2つの円の接線を作図できた

関連 065 円に接線を引くには ► P.96

関連 066 円周上の点を指定して接線を引くには ► P.97

第4章 円と接線、接円を作図するには

069

Q 三角形に内接する円を作図するには

お役立ち度 ★★★

A ［接円］コマンドを使用します

サンプル

［接円］コマンドをクリックし、［半径］は空欄にしておき、三角形の3つの辺を順番にクリックすれば、三角形の内接円を簡単に作図できます。

1 ［接円］をクリック

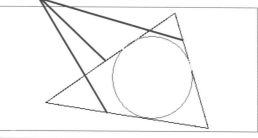

2 三角形の三辺を順にクリック

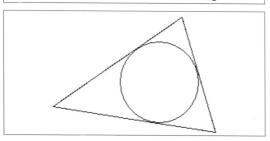

三角形に内接する円を作図できた

| 関連 070 | 2つの直線に接する円を作図するには | ▸ P.101 |
| 関連 071 | 3つの円に接する円を作図するには | ▸ P.102 |

第4章　円と接線、接円を作図するには

070

Q 2つの直線に接する円を作図するには

お役立ち度 ★★★

A [半径] に数値を入力します

サンプル

2つの線に接する円は無数に存在するため半径指定が必要です。[接円] コマンドをクリックし、半径を入力し、2つの線分を順にクリックすると、赤い円が表示されます。カーソルを大きく動かすと、線分を延長した方向にも、円が接する個所があるため赤い円の位置が動きます。作図したい位置でクリックしましょう。

1 [接円] をクリック　**2** 「15」と入力

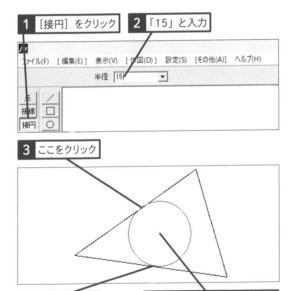

3 ここをクリック

4 ここをクリック　**5** 作図したい位置をクリック

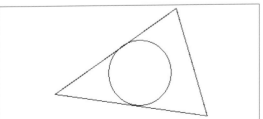

2つの直線に接する円を作図できた

071

Q 3つの円に接する円を
作図するには

お役立ち度 ★★★

A 3つの円を順番にクリックします

サンプル

[接円] コマンドをクリックし、[半径] は空欄にしておき、3つの円を順番にクリックすれば、3つの円に接する円が簡単に作図できます。

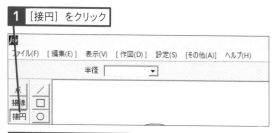

1 [接円] をクリック

ファイル(F) [編集(E)] 表示(V) [作図(D)] 設定(S) [その他(A)] ヘルプ(H)

半径

点 ／
接線 □
接円 ○

2 3つの円を順にクリック

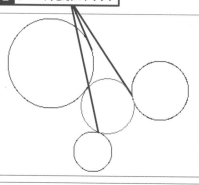

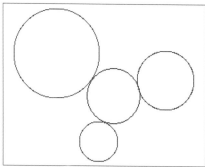

3つの円に接する
円を作図できた

072

Q 半径を指定して2つの円に
接する円を作図するには

お役立ち度 ★★

A 作図可能な位置から選んで
作図します

サンプル

2つの円に接する円を作図する場合、2つの円より大きな円の半径を指定した場合、6つの接円が存在します。[接円] コマンドをクリックし、[半径] を2つの円より大きな円の半径を指定して、2つの円を順番にクリックします。マウスを大きく動かすと6つの赤い接円が出ますので、作図したい位置でクリックしましょう。

1 [接円] をクリック　**2** 「15」と入力

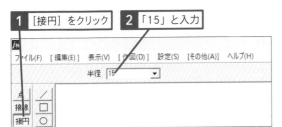

3 ここをクリック　**4** ここをクリック

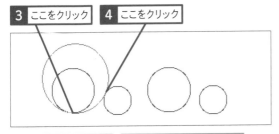

5 作図したい位置で
クリック

指定した半径で2つの円に
接する円を作図できた

6 ここをクリック

7 ここをクリック

8 作図したい位置で
クリック

別の形で接する円を
作図できる

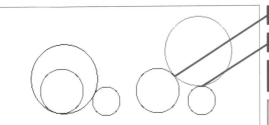

073

Q 指定した3つの点を直径とする楕円を作図するには

お役立ち度 ★★

A [3点指示] を使用します

サンプル

[接円] コマンドをクリックし、コントロールバーの [接楕円] をクリックし、[3点指示] をクリックします。下の例では、楕円軸の始点としてX軸左端点を右クリックし、終点としてX軸右端点を右クリックします。最後に、楕円の通過点をクリックします。

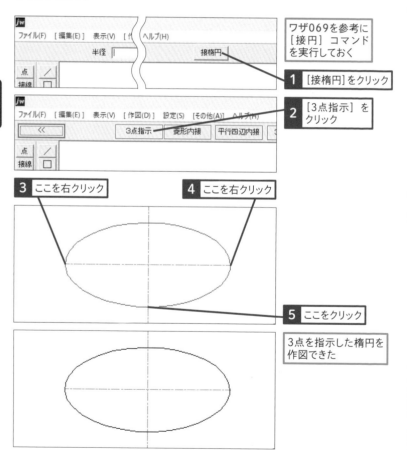

ワザ069を参考に
[接円] コマンド
を実行しておく

1 [接楕円]をクリック

2 [3点指示] を
クリック

3 ここを右クリック

4 ここを右クリック

5 ここをクリック

3点を指示した楕円を
作図できた

第 5 章

矩形や多角形を
作図するには

ここでは、正方形や長方形などの四角形の作図方
法などを、主に［□］コマンドを使って解説します。

074

Q 任意の大きさの四角形を作図するには

動画で見る

お役立ち度 ★★★

A ［□］コマンドを実行します

サンプル

［□］コマンドを実行し、対角の2つの点を画面上で指定すると、任意サイズの四角形を作図できます。ここでは、［傾き］と［寸法］は空欄にしておきます。任意の位置に作図する場合はクリック、決められた2点に作図する場合は右クリックを使います。

●任意の位置に作図する

1 ［□］をクリック

| ファイル(F)　［編集(E)］　表示(V)　［作図(D)］　設定(S)　［その他(A)］　ヘルプ(H) |
| ☑ 矩形　☐ 水平・垂直　傾き [　　▼] 寸法 [　　　　　▼] |
| 点 |
| 接線　□ |
| 接円　○ |

［寸法］が空欄になっていることを確認

2 任意の位置をクリック

3 対角になる部分をクリック

長方形が作図できた

点を基準にする場合は始点と終点を右クリックする

第5章 矩形や多角形を作図するには

075

Q サイズを指定して
長方形を作図するには

お役立ち度 ★★★

A [寸法] に数値を入力します

サンプル

サイズを指定して長方形を作図するには、[□] コマンドを実行し、[寸法] に「X方向の長さ,Y方向の長さ」を入力します。四角形の中心点にカーソルが表示され、配置したいところでクリック（点がある場合は右クリック）し、そのままの位置でクリックします。

1 [□] をクリック

2 「30,40」と入力

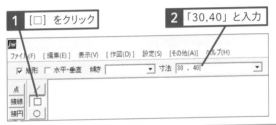

3 中心にする点を右クリック

指定した大きさの長方形を作図できた

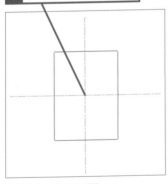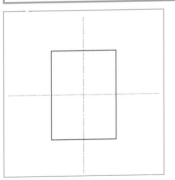

4 そのままクリック

第**5**章 矩形や多角形を作図するには

📖 **役立つ豆知識**

寸法を素早く入力するには

Jw_cadでは、上記の寸法入力「X方向の長さ,Y方向の長さ」の「,」を「..」に置き換えることができます。「.」はテンキーにあるので、テンキーを使用している場合は素早く入力できます。

076

Q 長方形の基準点を選択して作図するには

お役立ち度 ★★★

A 基準点を右クリックします

サンプル

[□] コマンドを実行し、[寸法] を入力します。このワザの練習用ファイルでは四角形の中心点にカーソルが表示されるので、右クリック（線の場合はクリック）し、次に赤いガイドを動かして、配置したい位置でクリックします。基点は下記のように9つから選択できます。

第5章 矩形や多角形を作図するには

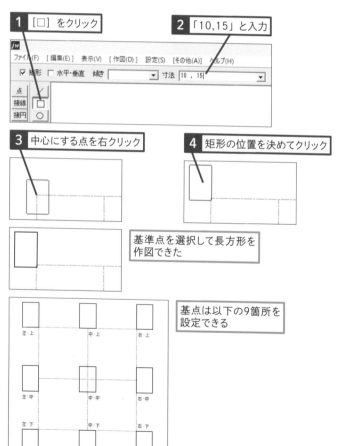

1 [□] をクリック

2 「10,15」と入力

3 中心にする点を右クリック

4 矩形の位置を決めてクリック

基準点を選択して長方形を作図できた

基点は以下の9箇所を設定できる

左 上　　中 上　　右 上

左 中　　中 中　　右 中

左 下　　中 下　　右 下

077 ❓ 正方形を作図するには

お役立ち度 ★ ★ ★

🅰 寸法の数値を1つだけ入力します サンプル

[□] コマンドを実行し、[寸法] に同じ数値を「,」で区切って入力しますが、1
つの数値だけを入力しても、縦横の長さが同じだと判断されます。[□] コマン
ドに限らず、XとYの数値を入力するコマンドでは、数値が1つだけのときはYの
値もXと同じだと判断されます。

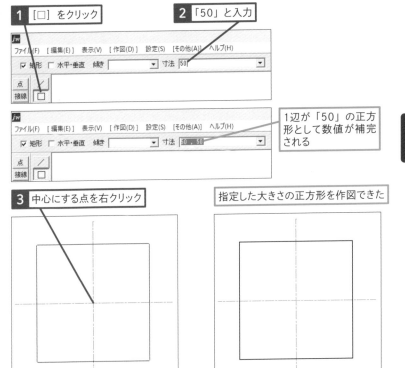

1 [□] をクリック

2 「50」と入力

1辺が「50」の正方
形として数値が補完
される

3 中心にする点を右クリック

指定した大きさの正方形を作図できた

4 そのままクリック

078 Q 傾きを指定した長方形を作図するには

A [傾き] に数値を入力します

サンプル

[□] コマンドを実行し、[寸法] で大きさを指定し、[傾き] 欄に角度を入力します。以下の例では、[傾き] に「30」と入力したので、X軸に対して30°傾いた図形が作図されています。Jw_cadの角度の考え方については、ワザ040を参照してください。

1 [□] をクリック　2 「30」と入力　3 「30,40」と入力

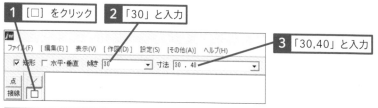

4 中心にする点を右クリック　　指定した傾きの長方形を作図できた

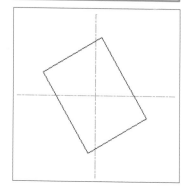

5 そのままクリック

 クロックメニュー　左1　線・矩形

 関連 040　角度を指定して線分を引くには　▶ P.66

079

Q 多重矩形を作図するには

お役立ち度 ★★

A [多重] に数値を入力します　サンプル

矩形が多重に重なった図形を作図したい場合は、[□] コマンドを実行し、[寸法]
を入力してからコントロールバーの [多重] に重なる数値を入力します。以下の
例では [多重] に「4」と入力しているため、4重の四角形が作図できています。
なお、線の間隔は中心点を基点にX、Y方向ともに等間隔です。

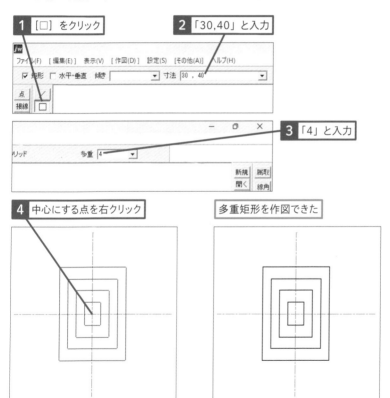

1 [□] をクリック

2 「30,40」と入力

3 「4」と入力

4 中心にする点を右クリック

多重矩形を作図できた

5 そのままクリック

080

Q 3辺の寸法を指定して
三角形を作図するには

お役立ち度 ★★★

A [多角形] コマンドで2辺の寸法を
指定します

サンプル

ここでは底辺50を最長とする3：4：5の三角形を作図します。[多角形] コマンドを実行し、[2辺] を選択して [寸法] に「40，30」と入力します。続けて長さ50の直線の左端点を始点として右クリック、右端点を終点として右クリックし、作図する方向をクリックします。

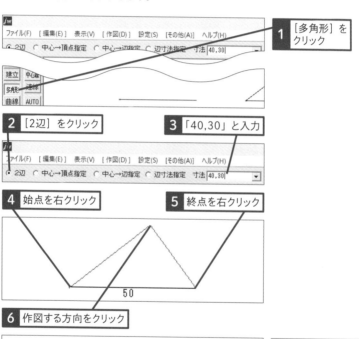

1 [多角形] を
クリック

2 [2辺] をクリック

3 「40,30」と入力

4 始点を右クリック

5 終点を右クリック

50

6 作図する方向をクリック

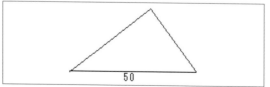

3辺の寸法を指定した
三角形を作図できた

50

関連
081 任意寸法の多角形を作図するには　　　► P.113

081

Q 任意寸法の多角形を
作図するには

お役立ち度 ★ ★ ★

A [多角形] コマンドで
[角数] を指定します

サンプル

任意の寸法で多角形を作図するには、[多角形] コマンドを実行し、[中心→頂点指定] をクリックします。その際、[寸法] は空欄のままにし、[角数] を指定します。以下の例では、三角形を作図しているので「3」を入力しています。作図位置をクリック (点がある場合は右クリック) し、マウスを動かして、大きさや傾きを変えて、決まったところでクリックします。

●角数を入力する

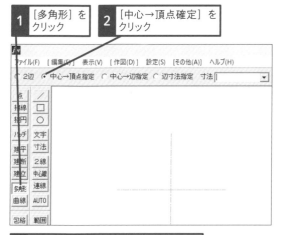

1 [多角形] をクリック

2 [中心→頂点確定] をクリック

3 [寸法] が空欄になっていることを確認

4 「3」と入力

第**5**章 矩形や多角形を作図するには

役立つ豆知識

[□] コマンドとどう違うの?

[□] コマンドは四角形 (正方形・長方形) の作図に使います。[多角形] コマンドは正三角形から正方形も含めてあらゆる角の正多角形を作図することができます。

次のページに続く➡

●図形を描く

1 中心にする点を右クリック

2 図形の大きさと向きを決めてクリック

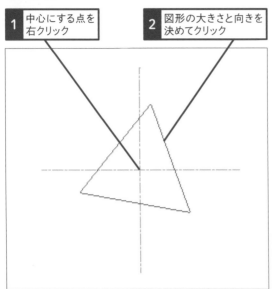

任意寸法の三角形を作図できた

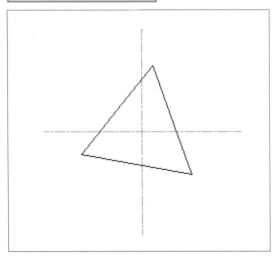

第5章 矩形や多角形を作図するには

関連 074 任意の大きさの四角形を作図するには ► P.106

082

Q 辺の長さを指定して正多角形を作図するには

お役立ち度 ★★★

A ［辺寸法指定］を使います

サンプル

辺の長さを指定して正多角形を作図する場合は、［多角形］コマンドを実行し、［辺寸法指定］を選択します。次に［寸法］と［角数］を指定して、辺の長さを指定した多角形を作図します。以下の例では、［寸法］に「20」、［角数］に「5」と入力して、1辺が20となる五角形を作図しています。

> ワザ081を参考に［多角形］コマンドを実行しておく

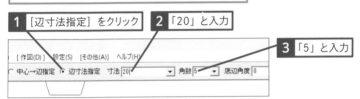

1 ［辺寸法指定］をクリック　　2 「20」と入力

3 「5」と入力

[作図(D)] 設定(S) [その他(A)] ヘルプ(H)
○ 中心→辺指定 ● 辺寸法指定　寸法 20　　　▼ 角数 5 ▼　底辺角度 0

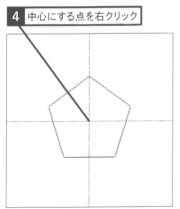

4 中心にする点を右クリック

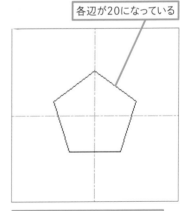

各辺が20になっている

> 辺の長さを指定して正多角形を作図できた

関連 083　中心から頂点までの寸法を指定して作図するには ▶ P.116

083

Q 中心から頂点までの寸法を
指定して作図するには

お役立ち度 ★★★

A [中心→頂点指定] を使います

サンプル

中心から頂点までの寸法を指定して多角形を作図するには、[多角形] コマンド
を実行し、[中心→頂点指定] を選択します。次に [寸法] と [角数] を指定して、
中心から頂点までの寸法を指定した多角形を作図します。以下の例では、[寸法]
に「20」、[角数] に「5」と入力して、中心から頂点までの寸法が20となる五
角形を作図しています。

ワザ081を参考に [多角形] コマンドを実行しておく

> ファイル(F)　[編集(E)]　表示(V)　[作図(D)]　設定(S)　[その他(A)]　ヘルプ(H)
> ○ 2辺　● 中心→頂点指定　○ 中心→辺指定　○ 辺寸法指定　寸法 20

1 [中心→頂点指定]
をクリック

2 「20」と入力　**3** 「5」と入力

> A)]　ヘルプ(H)
> 寸法 20　　　　　角数 5　　　底辺角度 0　　　　中央　任意

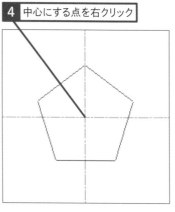

4 中心にする点を右クリック

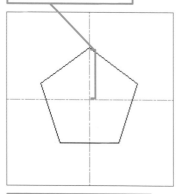

中心から頂点までの寸法が
全て20になっている

中心から頂点までの寸法を指定
して多角形を作図できた

第**5**章

矩形や多角形を作図するには

084

Q 中心から辺までの寸法を
指定して作図するには

お役立ち度 ★ ★

A ［中心→辺指定］を使います

サンプル

［多角形］コマンドを実行して［中心→辺指定］を選択し、［寸法］と［角数］
を指定すると、中心から辺までの寸法を指定した多角形を作図できます。以下
の例では、［寸法］に「20」、［角数］に「5」と入力して、中心から辺までの寸
法が20となる五角形を作図しています。

ワザ081を参考に［多角形］コマンドを実行しておく

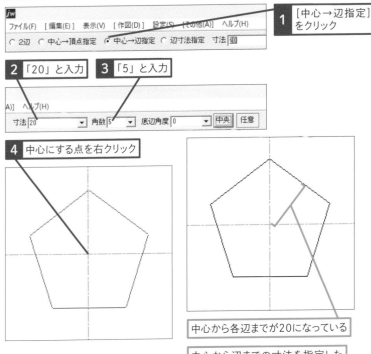

1 ［中心→辺指定］
をクリック

2 「20」と入力 **3** 「5」と入力

4 中心にする点を右クリック

中心から各辺までが20になっている

中心から辺までの寸法を指定した
正多角形を作図できた

085

Q 円に内接する正多角形を
作図するには

動画で見る

お役立ち度 ★ ★ ★

A [中心→頂点指定]で円の中心点、
円周の1/4点を取得します

サンプル

円に内接する正多角形を作図する場合は、[多角形]コマンドを実行し、[中心
→頂点指定]を選択します。次に[寸法]は空欄にし、[角数]を指定します。
さらに円上を右方向に右ドラッグして円の中心点を取得し、続けて上方向に右
ドラッグし円周の1/4点を取得して円に内接する正多角形を作図します。

ワザ081を参考に[多角形]
コマンドを実行しておく

1 [中心→頂点指
定]をクリック

[寸法]を空欄に
しておく

2 「5」と入力

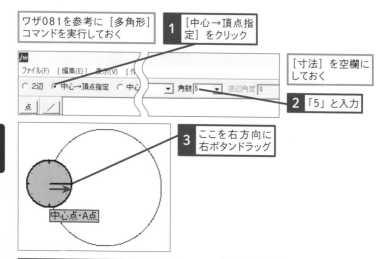

3 ここを右方向に
右ボタンドラッグ

中心点・A点

4 ここを上方向に右ボタンドラッグ

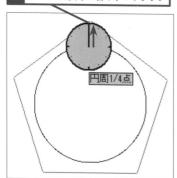

円周1/4点

円に内接する正多角形を作図できた

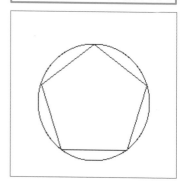

第5章 矩形や多角形を作図するには

086

お役立ち度 ★★★

A [中心→辺指定] で円の中心点、
円周の1/4点を取得します

サンプル

円に外接する正多角形を作図するには、[多角形] コマンドを実行し、[中心→辺指定] を選択します。[寸法] は空欄にし、[角数] を指定して正多角形の角の数を指定し、円上を右方向に右ドラッグして円の中心点を取得し、続けて上方向に右ドラッグして円周の1/4点を取得して作図します。

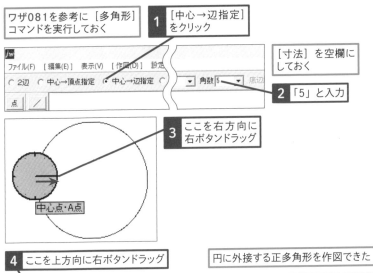

ワザ081を参考に [多角形]
コマンドを実行しておく

1 [中心→辺指定]
をクリック

[寸法] を空欄に
しておく

2 「5」と入力

3 ここを右方向に
右ボタンドラッグ

中心点・A点

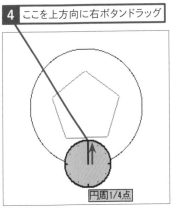

4 ここを上方向に右ボタンドラッグ

円周1/4点

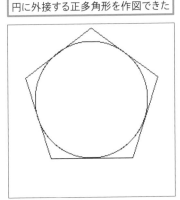

円に外接する正多角形を作図できた

087

Q 基点を変更して正多角形を作図するには

お役立ち度 ★★★

A [中央]をクリックして切り替えます

サンプル

[多角形]コマンドを実行し、[寸法]と[角数]を指定して多角形を作図する場合、コントロールバーの[中央]を順にクリックすると多角形の基点が[頂点]→[辺]→[中央]と3通りに切り替わります。基点を変えて作図してみましょう。

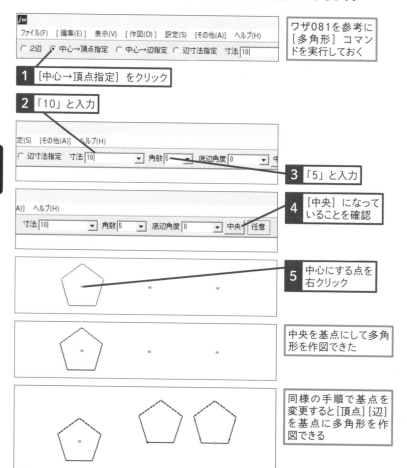

ワザ081を参考に[多角形]コマンドを実行しておく

1 [中心→頂点指定]をクリック

2 「10」と入力

3 「5」と入力

4 [中央]になっていることを確認

5 中心にする点を右クリック

中央を基点にして多角形を作図できた

同様の手順で基点を変更すると[頂点][辺]を基点に多角形を作図できる

第6章

さまざまな線を作図するには

[2線]コマンドを利用すると、指定した幅で一度に平行な線を引けます。ここでは、2本の平行な線を同時に作図する方法を、主に「2線」コマンドを使って解説します。

088

Q 指定した幅で
2本の線分を引くには

動画で見る

お役立ち度 ★★★

A [2線] コマンドを実行します

サンプル

[2線] コマンドで二重線を作図するには、芯になる基準線（直線）が必要です。
なお、別の基準線をダブルクリックすると、同じ幅のまま別の基準線に対して
二重線を作図できます。ここでの作図例は、基準線に対して両側とも「75」離
れた二重線を作図しています。

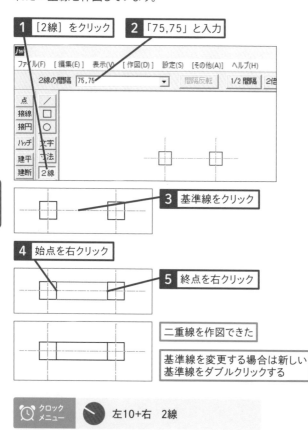

1 [2線] をクリック

2 「75,75」と入力

3 基準線をクリック

4 始点を右クリック

5 終点を右クリック

二重線を作図できた

基準線を変更する場合は新しい
基準線をダブルクリックする

⏰ クロック
メニュー
　　　　　左10+右　2線

関連
089 芯がずれた二重線を引くには　　　▶ P.123

第6章 さまざまな線を作図するには

089

⑨ 芯がずれた二重線を引くには

サンプル

お役立ち度 ★ ★ ★

Ａ 数値を変更します

[2線] コマンドを実行し、[2線の間隔] に異なる数値を「,」で区切って入力すると、芯がずれた二重線を作図できます。どちらにずれるかは始点を指定するまで分からないので、逆になった場合は [間隔反転] ボタンで間隔を変更しましょう。

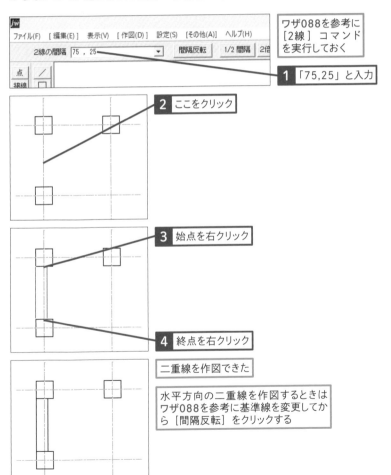

ワザ088を参考に
[2線] コマンド
を実行しておく

1 「75,25」と入力

2 ここをクリック

3 始点を右クリック

4 終点を右クリック

二重線を作図できた

水平方向の二重線を作図するときは
ワザ088を参考に基準線を変更してか
ら [間隔反転] をクリックする

お役立ち度 ★★

A [2倍間隔] を使用します

サンプル

[2線] コマンドを実行し、コントロールバー [2線の間隔] に「,」で区切って数値を入力してから [2倍間隔] をクリックすると、入力した数値の2倍の間隔で二重線を作図できます。[2倍間隔] は、クリックするごとに表示されている数値が倍になります。

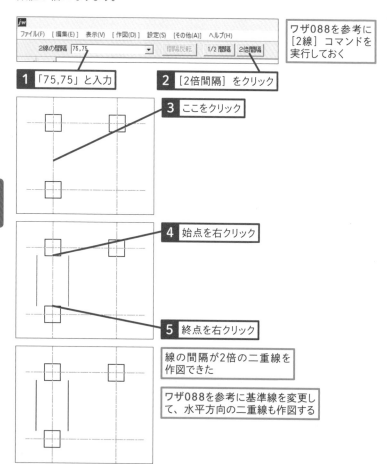

> ワザ088を参考に [2線] コマンドを実行しておく

1 「75,75」と入力

2 [2倍間隔] をクリック

3 ここをクリック

4 始点を右クリック

5 終点を右クリック

> 線の間隔が2倍の二重線を作図できた

> ワザ088を参考に基準線を変更して、水平方向の二重線も作図する

091

Q 端部を閉じて
二重線を引くには

お役立ち度 ★ ★ ★

A [留線] を使用します

サンプル

端部を閉じた二重線を作図するには、まず [2線] コマンドを実行してから [2線の間隔] に「,」で区切って数値を入力します。次に [留線] にチェックマークを付け、[留線出] に出の数値を入力します。続けて基準線をクリックし、端部が閉じる始点を右クリックし、終点を右クリックします。

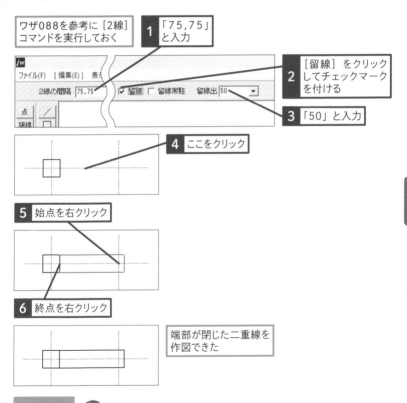

ワザ088を参考に [2線]
コマンドを実行しておく

1 「75,75」
と入力

2 [留線] をクリック
してチェックマーク
を付ける

3 「50」と入力

4 ここをクリック

5 始点を右クリック

6 終点を右クリック

端部が閉じた二重線を
作図できた

🕐 クロック
メニュー   左10+右　2線

関連
092 端部を突出させて二重線を引くには　　► P.126

関連
092 端部を突出させて二重線を引くには　　► P.126

092

Q 端部を突出させて
二重線を引くには

お役立ち度 ★★★

A [留線常駐] を使用します

サンプル

端部を突出させた二重線を作図するには、まず [2線] コマンドを実行して間隔
を指定しておきます。次に [留線常駐] にチェックマークを付け、[留線出] に
出の数値を入力します。続けて基準線をクリックし、始点、終点の順に右クリッ
クすると端部の両側が突出した二重線を作図できます。

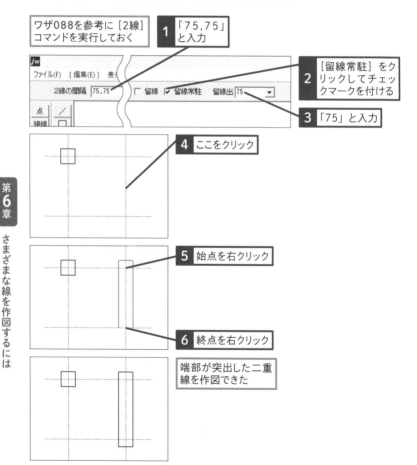

ワザ088を参考に [2線]
コマンドを実行しておく

1 「75,75」
と入力

2 [留線常駐] をク
リックしてチェッ
クマークを付ける

3 「75」と入力

4 ここをクリック

5 始点を右クリック

6 終点を右クリック

端部が突出した二重
線を作図できた

第6章 さまざまな線を作図するには

126 **できる**

093 Ｑ コーナーを作りながら 二重線を引くには

お役立ち度 ★ ★ ★　Ａ 基準線をダブルクリックします　サンプル

コーナーを作りながら二重線を引くには、まず [2線] コマンドを実行して間隔を指定しておきます。次に基準線をクリックし、始点を右クリックしてから次の基準線をダブルクリックします。基準線を次々とダブルクリックして指定し、1周したところで終点を右クリックすると以下のように作図できます。

ワザ088を参考に [2線] コマンドを実行しておく

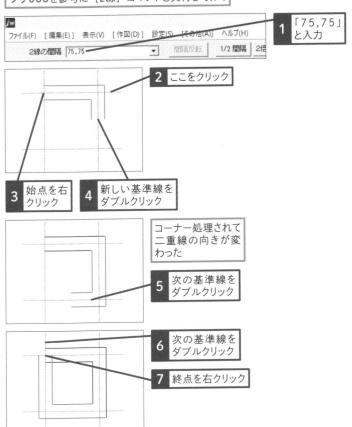

ファイル(F)　[編集(E)]　表示(V)　[作図(D)]　設定(S)　[その他(A)]　ヘルプ(H)

2線の間隔 75,75　　　　　　▼　間隔反転　1/2 間隔　2倍

1 「75,75」と入力

2 ここをクリック

3 始点を右クリック

4 新しい基準線をダブルクリック

コーナー処理されて二重線の向きが変わった

5 次の基準線をダブルクリック

6 次の基準線をダブルクリック

7 終点を右クリック

094

Q 線と点の中心線を引くには

お役立ち度 ★ ★ ★

A 線はクリック、点は右クリックで指定します

サンプル

点と線に中心線を作図する場合、[中心線] コマンドを実行して点を右クリックし、線をクリックします。次に、線の左側の端点を始点として右クリックし、続けて右側の端点を終点として右クリックします。

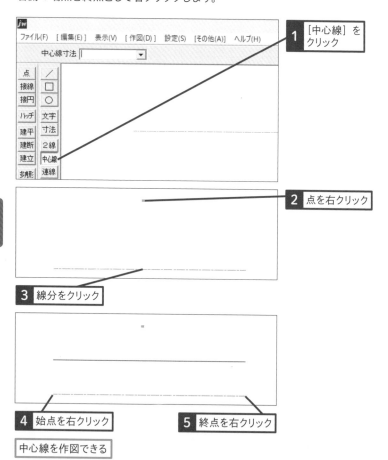

1 [中心線] を
クリック

2 点を右クリック

3 線分をクリック

4 始点を右クリック

5 終点を右クリック

中心線を作図できる

095

Q 2つの点の中心線を引くには

お役立ち度 ★★

A 2つの点を右クリックで指定します サンプル

点と点の中心線を作図する場合は、[中心線] コマンドを実行してから、1つ目の点を右クリックし、2つ目の点を右クリックします。次に適当な位置で始点をクリックし、終点をクリックします。

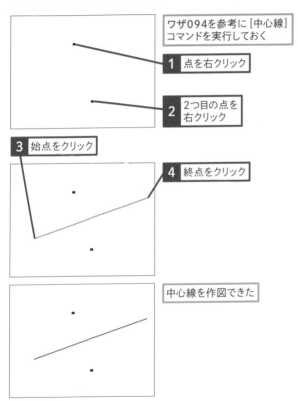

ワザ094を参考に [中心線] コマンドを実行しておく

1 点を右クリック

2 2つ目の点を右クリック

3 始点をクリック

4 終点をクリック

中心線を作図できた

クロックメニュー　━　左9+右　　中心線

関連 **094** 線と点の中心線を引くには　　　　▶ P.128

096 Q 角度の二等分線を引くには

お役立ち度 ★★★

A 線分の場合と同様に二等分線を作図できます

サンプル

2つの線は平行である必要はなく、それぞれ角度が付いていても、その中間に線を作図できます。[中心線] コマンドを実行して線を順にクリックし、始点の角を右クリックしてから終点をクリックします。

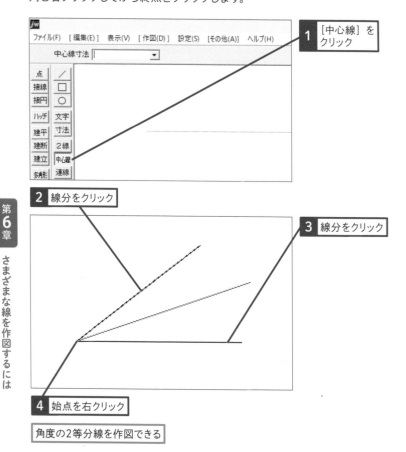

1 [中心線] を
クリック

2 線分をクリック

3 線分をクリック

4 始点を右クリック

角度の2等分線を作図できる

第6章 さまざまな線を作図するには

097

Q 2つの円の中心線を引くには

お役立ち度 ★★★

A 円同士の近い位置の円周をクリックします

サンプル

2つの円に中心線を作図する場合、[中心線] コマンドを実行してから、2つの円同士の近い位置の円周を順にクリックします。続けて、始点と終点を適当な位置でクリックして線を作図します。もし、2つの円の離れた円周をクリックした場合は図のようになりません。

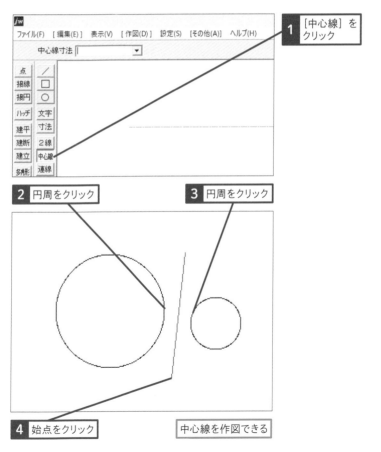

1 [中心線] を
クリック

2 円周をクリック

3 円周をクリック

4 始点をクリック

中心線を作図できる

098

Q [線属性] 画面を表示するには

お役立ち度 ★★★

A ツールバーのアイコンをクリックします

Jw_cadでは、線の色と線の種類を「線属性」と呼んでいます。[線属性] コマンドは、デフォルト画面のツールバーに下の画像に示すように3つあり、どれをクリックしても、右のワザ099で紹介する [線属性] 画面を表示します。

ファイル(F)	[	▢	×
□ 矩形			

点	/	新規	属取
接線	□	開く	線角
接円	○	上書	鉛直
ハッチ	文字	保存	×軸
建平	寸法	印刷	2点角
建断	2線	切取	線長
建立	中心線	コピー	2点長
多角形	連線	貼付	間隔
曲線	AUTO	線属性	基設
包絡	範囲	寸化	測定
分割	複線	寸解	表計
整理	コーナー	選図	距離
属変	伸縮		式計
BL化	面取		パラメ
BL解	消去		
BL属	複写		
BL編	移動		
BL終	戻る		
図形			
図登			

[線属性] はツールバーの3箇所にある

クリックすると [線属性] 画面が表示される

099

Q 線の色や種類を変更するには

お役立ち度 ★★★

A [線属性] 画面で設定します

ワザ098で紹介した [線属性] コマンドを実行すると、[線属性] 画面が表示されます。画面左側で線の色を、画面右側で線の種類を変更できます。変更したい線色、線種をクリックし、[OK] をクリックすれば変更されます。

ワザ098を参考に [線属性] 画面を表示しておく

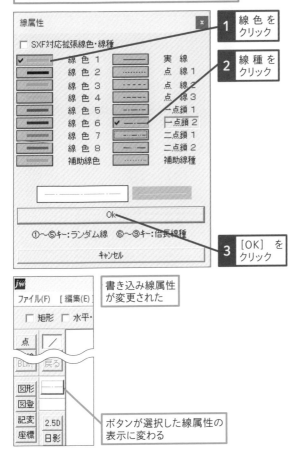

1 線色をクリック

2 線種をクリック

3 [OK] をクリック

書き込み線属性が変更された

ボタンが選択した線属性の表示に変わる

第6章 さまざまな線を作図するには

できる　133

100

Q Jw_cadで利用できる線種を教えて！

お役立ち度 ★★★

A 実線、破線などから選択できます

サンプル

Jw_cadの標準線種には、実線、点線1, 2, 3、一点鎖線1, 2、二点鎖線1, 2、補助線種があります。破線を作図したい場合は、点線2または点線3を選びます。補助線種とは、画面上には見えますが、印刷をしたときには表示されない線です。

[線属性] 画面の右側に表示されている線種を利用できる

補助線種は画面上では点線のように表示されるが、印刷されない

クロックメニュー ／ 左1 線・矩形

関連 099 線の色や種類を変更するには ▶ P.133

第6章 さまざまな線を作図するには

101

Q 波線（ランダム線）を引くには

お役立ち度 ★★

A 数字キーで線の種類を指定します

波線(ランダム線)とは、フリーハンドで作図したような波打った線です。キーボードの①〜⑤を押すと、以下のようにピッチの違う5種類を設定できます。①キーが一番細かい波で、⑤キーが一番荒い波になります。図面を手書き風に表現するのに最適です。

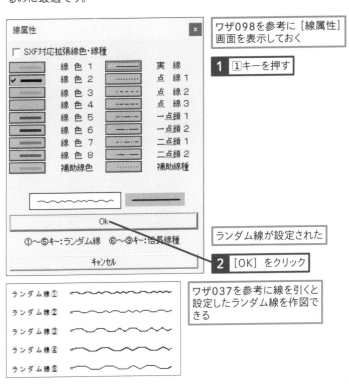

ワザ098を参考に[線属性]画面を表示しておく

1 ①キーを押す

ランダム線が設定された

2 [OK]をクリック

ワザ037を参考に線を引くと設定したランダム線を作図できる

⏰ クロックメニュー 🖊 左1　線・矩形

関連 098　[線属性]画面を表示するには　▶ P.132

第6章 さまざまな線を作図するには

できる 135

102

Q SXF対応拡張線色・線種を
設定するには

お役立ち度 ★★★

A [線属性] 画面の表示を変更します

[線属性] 画面の [SXF対応拡張線色・線種] にチェックマークを付けると新たに別の [線属性] 画面が表示され、SXF図面に対応したSXF対応拡張線色・線種を扱えます。ただし、SXF線種の線幅は「線一本ずつ」の設定になります。標準線種のようにまとめての設定はできません。

> ワザ098を参考に [線属性] 画面を表示しておく

1 ここをクリック

線属性

□ SXF対応拡張線色・線種

	線 色 1		実 線
✓	線 色 2		点 線 1
	線 色 3		点 線 2
	線 色 4		点 線 3
	線 色 5		一点鎖1
	線 色 6		一点鎖2
	線 色 7		二点鎖1
	線 色 8		二点鎖2
	補助線色		補助線種

Ok

①〜⑤キー:ランダム線　⑥〜⑨キー:倍長線種

キャンセル

> SXF対応の線色、線種が表示された

> 線色と線種をクリックして [OK] をクリックして設定する

線属性

☑ SXF対応拡張線色・線種

	black		実線
	red	✓	破線
	green		跳び破線
	blue		一点長鎖線
	yellow		二点長鎖線
✓	magenta		三点長鎖線
	cyan		点線
	white		一点鎖線
	deeppink		二点鎖線
	brown		一点短鎖線
	orange		一点二短鎖線
	lightgreen		二点短鎖線
	lightblue		一点二短鎖線
	lavender		三点短鎖線
	lightgray		三点二短鎖線
	darkgray		

ユーザー定義線色　ユーザー定義線種
　　17 ▼　　　　　17 ▼

線色(種)ボタン右クリックで線色(種)設定

線幅〈1/100mm単位〉0:基本幅(18) 0

Ok

> SXF線色を設定すると線幅の指定ができなくなる

第**6**章 さまざまな線を作図するには

103 Q 作図済みの線種や色に 線属性を切り替えるには

お役立ち度 ★ ★ ★

A [属取] で属性を取得し、 [属変] で変更します

サンプル

図面の他の線から線種や色を取得するには、まず [属取] コマンドを実行し、属性を取得したい線をクリックします。以下の例では四角形（線色3・点線2）をクリックします。次に [属変] コマンドを実行して円をクリックすると、円が四角形と同じ属性に変更されます。[属取] と [属変] をセットで使うと便利です。

1 [属取] をクリック

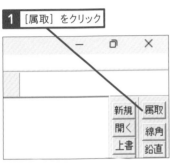

2 四角形をクリック

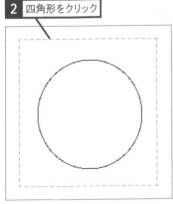

3 [属変] をクリック

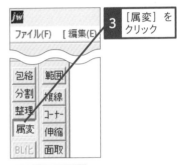

4 円をクリック

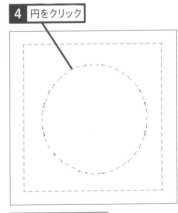

線属性が変更された

第 **6** 章

さまざまな線を作図するには

お役立ち度 ★ ★

A [線長] コマンドで長さを 取得します

サンプル

図面の他の線と同じ長さの線を作図するには、[/] コマンドを実行して [水平・垂直] にチェックマークを付けておきます。次に [線長] コマンドを実行して長さを取得したい線分をクリックします。[寸法] に数値が入力されるので、そのまま線分を作図します。

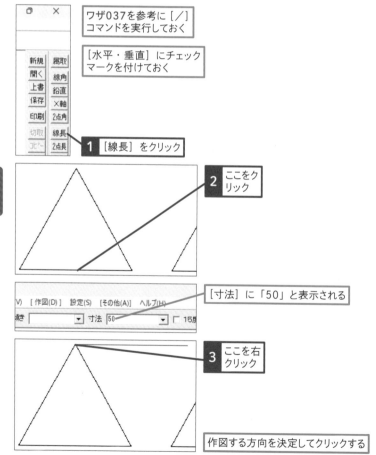

ワザ037を参考に [/] コマンドを実行しておく

[水平・垂直] にチェックマークを付けておく

1 [線長] をクリック

2 ここをクリック

[寸法] に「50」と表示される

3 ここを右クリック

作図する方向を決定してクリックする

第6章 さまざまな線を作図するには

第7章

線や角を
編集するには

[伸縮] コマンドを利用すると、線分や円弧の端点
を伸縮させて長さを調節できます。他の線の端点と
同じ位置や、他の線との交点に合わせるときに使用
します。

105 Q 指定した位置まで 線分を伸縮するには

お役立ち度 ★ ★ ★

A [伸縮] コマンドを実行します

サンプル

第7章

線や角を編集するには

[伸縮] コマンドを使うと線分を指定の位置まで伸縮できます。以下の例では、縦線をクリックし、交点を右クリックすれば、下の横線上まで縦線が伸びて止まります。また、上の横線をクリックし、交点を右クリックすれば、下の縦線上まで横線が縮んで止まります。

●線分を伸ばす

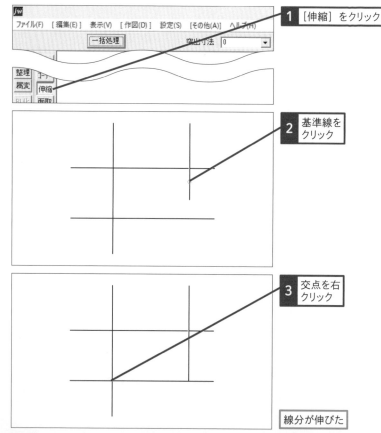

1 [伸縮] をクリック

ファイル(F) [編集(E)] 表示(V) [作図(D)] 設定(S) [その他(A)] ヘルプ(H)

一括処理   突出寸法 [0   ▼]

整理 エ?
属変 伸縮
RKP 面取

2 基準線を クリック

3 交点を右 クリック

線分が伸びた

140 できる

●線分を縮める

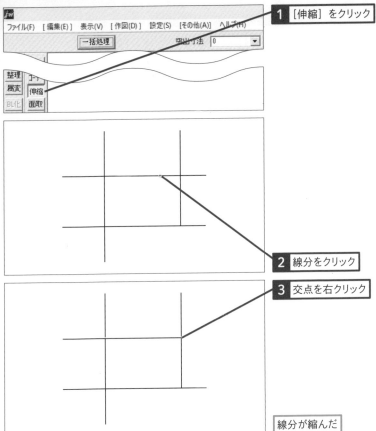

1 [伸縮] をクリック

2 線分をクリック

3 交点を右クリック

線分が縮んだ

 クロック メニュー 左8 伸縮

関連 108 指定した数値で線分を伸縮するには ▶ P.144

Q 基準線を指定して
線分を伸縮するには

お役立ち度 ★★★

A 基準線を右ダブルクリックします

サンプル

[伸縮] コマンドを使うと、画面上の線分や円・円弧を基準線に指定しておき、その線分まで複数の線分を伸縮することができます。以下の例では [伸縮] コマンドを実行し、基準線を右ダブルクリックしてから斜めの線を順にクリックすれば、基準線の位置で線が止まります。

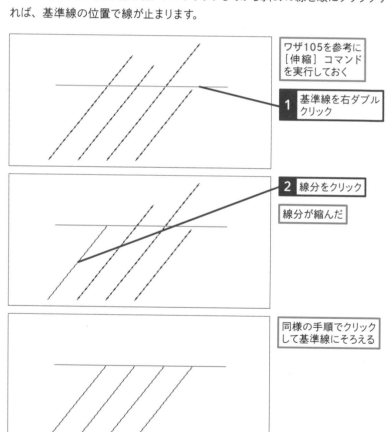

ワザ105を参考に
[伸縮] コマンド
を実行しておく

1 基準線を右ダブル
クリック

2 線分をクリック

線分が縮んだ

同様の手順でクリック
して基準線にそろえる

107

Q 基準線を指定して複数の線分を伸縮するには

動画で見る

お役立ち度 ★★★

A [一括処理] を使用します

サンプル

伸縮する線分が多い場合は、[伸縮] コマンドを実行してから、[一括処理] をクリックします。以下の例では、画面上の基準線をクリックして、両サイドの離れた2つの線分を順にクリックすると、赤い点線が表示されます。その点線に触れた線分が処理の対象になります。線分が選択できたことを確認し、[処理実行] をクリックします。

第7章 線や角を編集するには

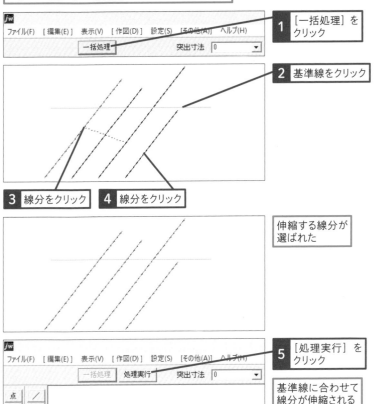

ワザ105を参考に [伸縮] コマンドを実行しておく

1 [一括処理] をクリック

2 基準線をクリック

3 線分をクリック　**4** 線分をクリック

伸縮する線分が選ばれた

5 [処理実行] をクリック

基準線に合わせて線分が伸縮される

Q 指定した数値で線分を伸縮するには

お役立ち度 ★★

A ［突出寸法］を使います

サンプル

第7章 線や角を編集するには

［伸縮］コマンドで伸縮する際、指定した位置より一定の長さだけ伸ばすことができます。ここでは、基準線となる右の縦線から右へ12mmだけ突出させるように設定します。［突出寸法］に「12」と入力し、基準線を右ダブルクリックし、伸ばしたい線をクリックします。

ワザ105を参考に［伸縮］コマンドを実行しておく

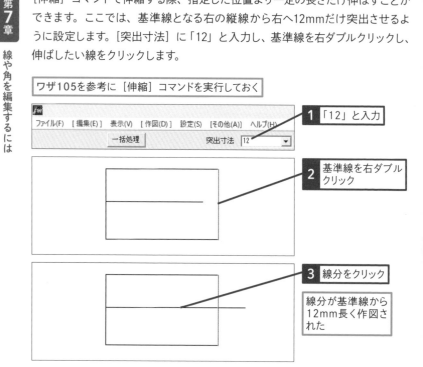

1 「12」と入力

2 基準線を右ダブルクリック

3 線分をクリック

線分が基準線から12mm長く作図された

クロックメニュー 左8 伸縮

関連 105 指定した位置まで線分を伸縮するには ▶ P.140

109 Q 線分を平行に複写するには

お役立ち度 ★★★

A [複線間隔] に数値を入力します サンプル

線分を並行に複写するには、[複線] コマンドを実行してから複写元の線をクリックし、[複線間隔] に数値を入力して間隔を設定します。すると、赤い平行線がプレビュー表示されます。マウスを動かすと線も動きますので、複写したい位置でクリックして確定します。

● [複線] コマンドを実行する

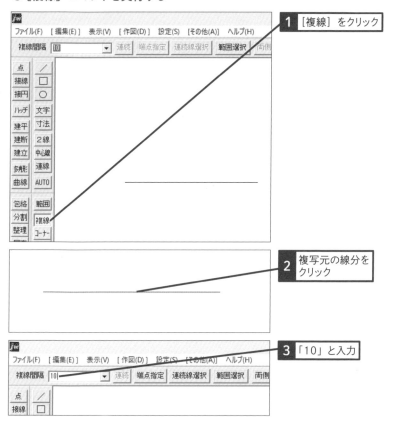

1 [複線] をクリック

2 複写元の線分を
クリック

3 「10」と入力

次のページに続く ➡

●線分を複写する

線分が仮に配置された

1 複写する方向を
クリック

線分が平行に複写
された

線分は書き込みレイヤーに書き込み
線属性で作図される

 クロック
メニュー　　　　左11　複線

 関連
110　同じ間隔で連続して複線を作るには　▶ P.147

110

Q 同じ間隔で連続して
複線を作るには

お役立ち度 ★ ★ ★

A [連続] をクリックします

サンプル

同じ間隔で線を連続して複写する際、便利な操作方法があります。ワザ109の操作で線を複写した後、コントロールバーの [連続] をクリックすることで、何度も同じ操作をしなくても簡単に連続複写ができます。

ワザ109を参考に [複線間隔] を「910」にして垂直な線を対象に複線を作図しておく

1 [連続] をクリック

同じ間隔で線分が複写された

2 そのまま [連続] を6回クリック

合計8本の線分が複写された

111

お役立ち度 ★ ★ ★

A [端点指定] を使用します

サンプル

長さを変えて平行線を複写できます。ワザ109を参考に [複線] コマンドを実行し、[複線間隔] に数値を入力したあと [端点指定] をクリックします。これにより、端点を指定して任意の長さの複線を作図することができます。画面上で始点と終点を順にクリック（交点の場合は右クリック）し、作図を確定します。

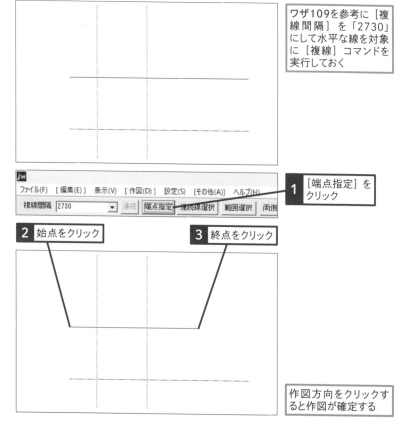

ワザ109を参考に [複線間隔] を「2730」にして水平な線を対象に [複線] コマンドを実行しておく

ファイル(F) 　[編集(E)] 　表示(V) 　[作図(D)] 　設定(S) 　[その他(A)] 　ヘルプ(H)

複線間隔 2730 ▼ 連続 端点指定 連続線選択 範囲選択 両側

1 [端点指定] をクリック

2 始点をクリック

3 終点をクリック

作図方向をクリックすると作図が確定する

112

Q 連続した線から
まとめて複線を作るには

お役立ち度 ★★★

A [連続線選択] を使用します

サンプル

[複線] コマンドを実行して線をクリックし、[連続線選択] をクリックすると、
最初にクリックした線と端点が一致しているひとつながりの線も選択できます。
[複線間隔] に数値を入力して間隔を設定し、マウスを動かすと線も動くので、
複写したい位置でクリックして確定します。

第7章 線や角を編集するには

●連続した線を選択する

ワザ109を参考に [複線] コマンドを実行しておく

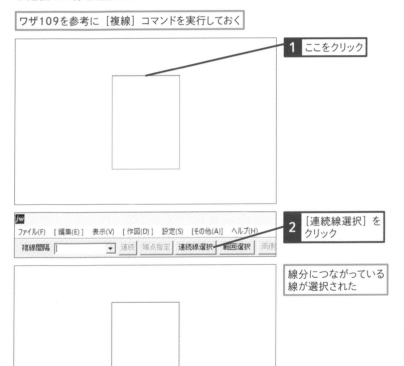

1 ここをクリック

```
ファイル(F) [編集(E)] 表示(V) [作図(D)] 設定(S) [その他(A)] ヘルプ(H)
複線間隔 [            ]▼  連続 | 端点指定 | 連続線選択 | 範囲選択 | 両側
```

2 [連続線選択] を
クリック

線分につながっている
線が選択された

次のページに続く →

●まとめて複線を作成する

1 「5」と入力

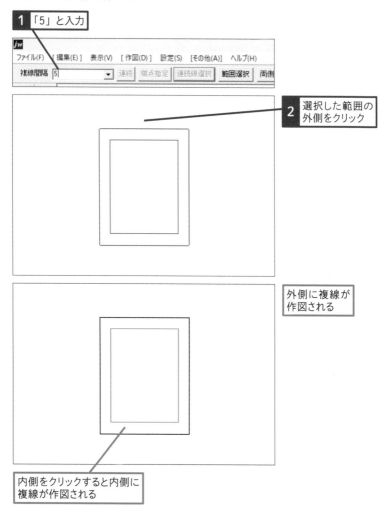

2 選択した範囲の外側をクリック

外側に複線が作図される

内側をクリックすると内側に複線が作図される

  クロックメニュー 　左11　複線

関連 **113** 連続した線から両側に複線を作るには　▶ P.151

113

Q 連続した線から
両側に複線を作るには

お役立ち度 ★ ★

A [両側複線] を使用します

サンプル

中心線を元に、同じ間隔で両側に線を複写することができます。ワザ112を参考に [連続線選択] を実行したあと、コントロールバーの [両側複線] をクリックします。建築図面でFIX窓を作図するのに便利な機能です。

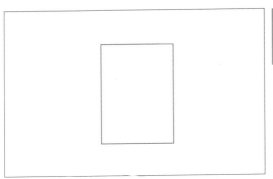

ワザ112を参考に
[連続線選択] コ
マンドを実行して
おく

1 「3」と入力　　　　**2** [両側複線] をクリック

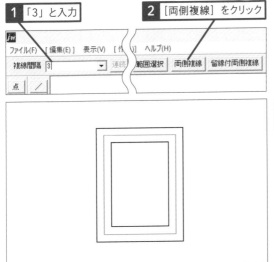

ファイル(F)　[編集(E)]　表示(V)　[作図()]　ヘルプ(H)

複線間隔 3　　　▼ 連続　範囲選択　両側複線　留線付両側複線

点 /

選択範囲の両側に
複線が作図された

お役立ち度 ★ ★ ★

A [留線付両側複線] を使用します　　サンプル

第7章 線や角を編集するには

端部が閉じた両側複線を作図することができます。ワザ109を参考に [複線] コマンドを実行して複線間隔を指定し、コントロールバーの [留線付両側複線] をクリックします。

ワザ109を参考に [複線]
コマンドを実行しておく

1 複写元の線分
をクリック

---

2 「75」と入力

```
jw
ファイル(F)　編集(E)]　表示(V)　[作図(D)]　設定(S)　[その他(A)]　ヘルプ(H)
複線間隔 75　　　　▼ 連続 端点指定 連続線選択 範囲選択 両側
```

---

3 [留線付両側複線] をクリック

```
その他(A)] ヘルプ(H)
線選択 範囲選択 両側複線 留線付両側複線 留線出 0 ▼ □ 移動
```

端部が閉じた両側複
線を作図できた

クロック
メニュー　　　左11　複線

関連
112　連続した線からまとめて複線を作るには ▶ P.149

115

Q 交差した線を
両側複線にするには

お役立ち度 ★★★

A [範囲選択] を使用します

サンプル

交差した線を選択し、両側の平行線の交差部を包絡処理して複写できます。
以下の例では、交差した線を [範囲選択] で選択し、[選択確定] をクリックし
ます。次に [複線間隔] に数値を入力して間隔を設定し、[両側複線] をクリッ
クします。

●範囲を選択する

ワザ109を参考に [複線] コマンドを実行しておく

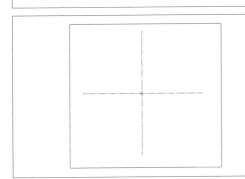

1	[範囲選択] を クリック

ファイル(F) [編集(E)] 表示(V) [作図(D)] 設定(S) [その他(A)] ヘルプ(H)

複線間隔 [　　　▼] 連続 端点指定 連続線選択 **範囲選択** 両側

2	ここをク リック

3	ここをク リック

範囲が選択された

次のページに続く →

●複線を作図する

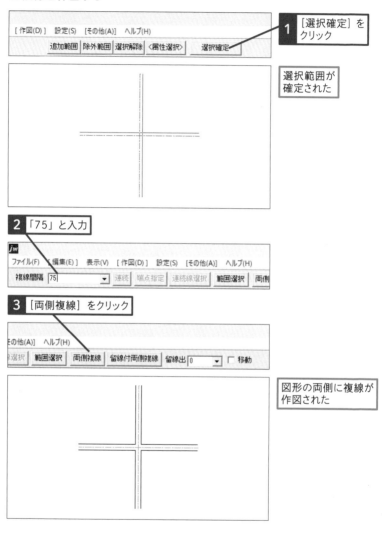

[作図(D)] 設定(S) [その他(A)] ヘルプ(H)

追加範囲 除外範囲 選択解除 〈属性選択〉 選択確定

1 [選択確定] を
クリック

選択範囲が
確定された

2 「75」と入力

Jw
ファイル(F) 編集(E) 表示(V) [作図(D)] 設定(S) [その他(A)] ヘルプ(H)

複線間隔 75 ▼ 連続 端点指定 連続線選択 範囲選択 両側

3 [両側複線] をクリック

Eの他(A)] ヘルプ(H)

選択 範囲選択 両側複線 留線付両側複線 留線出 0 ▼ □ 移動

図形の両側に複線が
作図された

🕐 クロック
メニュー
⚫ 左11 複線

関連
109 線分を平行に複写するには ▶ P.145

第**7**章 線や角を編集するには

154 できる

116

Q 2本の線分を伸縮して
角を合わせるには

お役立ち度 ★★★

A [コーナー] コマンドを実行します サンプル

[コーナー] コマンドを使うと、2つの線分を元に、それぞれの線分の端点を伸縮して、突出しない角を作ることができます。以下の例のように線が交差していても、離れていても、それぞれの線を順にクリックします。ただし、線が交差しているときは必ず残したい部分の線上をクリックするようにしてください。

●交差した線分の角を合わせる

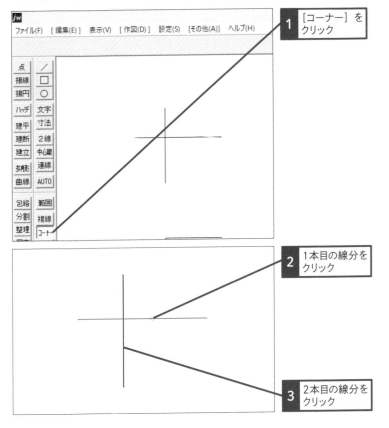

1 [コーナー] を
クリック

2 1本目の線分を
クリック

3 2本目の線分を
クリック

次のページに続く →

●作図結果を確認する

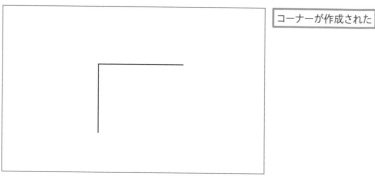

コーナーが作成された

●交差していない線分の角を合わせる

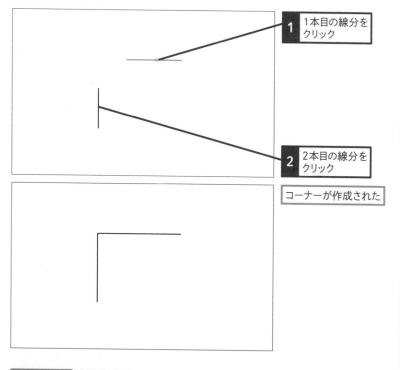

1 1本目の線分を
クリック

2 2本目の線分を
クリック

コーナーが作成された

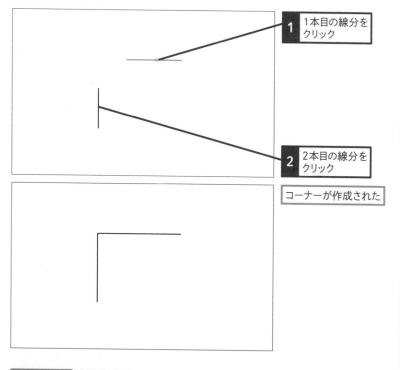ショート
カットキー

コーナー
V

117

Q 線を切断して
コーナー処理するには

お役立ち度 ★ ★ ★

A 線を右クリックします

サンプル

線上を右クリックすれば、[コーナー]コマンドで線を切断して1本にすることができます。以下の例では、垂直な線上を右クリックしています。赤い点はその位置で線が切断されていることを表しています。次にワザ116を参考に、残したい線を順にクリックします。

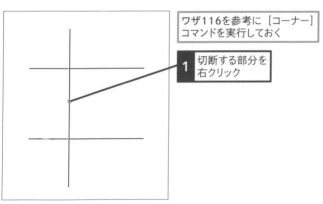

ワザ116を参考に[コーナー]
コマンドを実行しておく

1 切断する部分を右クリック

2 ここをクリック **3** ここをクリック

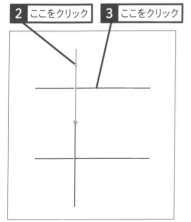

線を切断してコーナー処理ができた

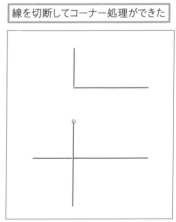

118

お役立ち度 ★★

A [切断間隔] に数値を入力します

サンプル

第7章 線や角を編集するには

[コーナー] コマンドを実行してから、コントロールバー [切断間隔] に切断したい間隔を入力します。次に切断したい部分 (ぴったり正確な点は選べない) の線上を右クリックします。

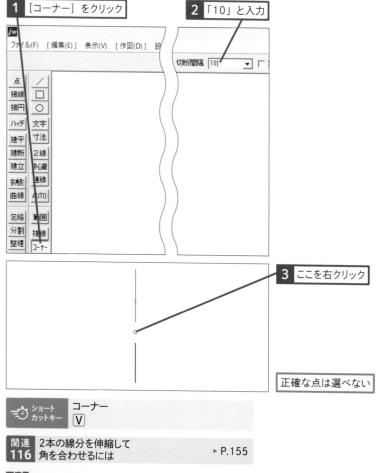

1 [コーナー] をクリック

2 「10」と入力

ファイル(F) [編集(E)] 表示(V) [作図(D)] 設

切断間隔 10

点 / 接線 □ 接円 ○ ハッチ 文字 建平 寸法 建断 2線 建立 中心線 多角形 連線 曲線 AUTO 包絡 範囲 分割 複線 整理 コーナー

3 ここを右クリック

正確な点は選べない

ショートカットキー | コーナー [V]

関連 116 | 2本の線分を伸縮して 角を合わせるには ▶ P.155

119

Q コーナー処理で同一線上の離れた線を一本化するには

お役立ち度 ★ ★ ★

A 線分を順番にクリックします

サンプル

同一線上にある離れた線を1本の線にするには、［コーナー］コマンドを使用します。［コーナー］コマンドを実行し、線を順にクリックすると1本の線でつながり、作図容量も少なくすることができます。

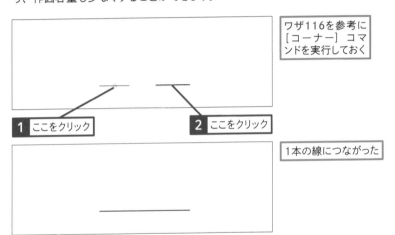

ワザ116を参考に
［コーナー］コマ
ンドを実行しておく

1 ここをクリック

2 ここをクリック

1本の線につながった

ショートカットキー	コーナー V

関連 116	2本の線分を伸縮して角を合わせるには	▶ P.155

役立つ豆知識

それぞれの線を同じレイヤに配置しておく

ワザ119の操作は、2本の線が同一レイヤグループの同一レイヤで作図されている必要があります。また、レイヤ、レイヤグループが同じでも同一線色、同一線種でなければ1本の線になることはありません。

120 ❓ 角面で面取りするには

🅰 [面取] コマンドを実行します

サンプル

角面の面取りをするには、[面取] コマンドを実行し、[角面（辺寸法）] をオンにします。次に [寸法] に「10」と入力し、線を順にクリックすると角の面取ができます。以下の例では、面取り部分を斜辺とする直角二等辺三角形の2辺が「10」となる、45°の切り取り面の長さになります。

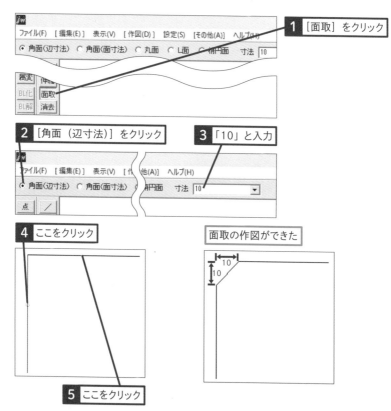

1 [面取] をクリック

ファイル(F) [編集(E)] 表示(V) 作図(D)] 設定(S) [その他(A)] ヘルプ(H)

⊙ 角面（辺寸法） ○ 角面（面寸法） ○ 丸面 ○ L面 ○ 楕円面 　寸法 [10

属変 ｜伸ｺﾞ
BL化 ｜面取
BL解 ｜消去

2 [角面（辺寸法）] をクリック

3 「10」と入力

ファイル(F) [編集(E)] 表示(V) [作 他(A)] ヘルプ(H)

⊙ 角面（辺寸法） ○ 角面（面寸法） ○ 楕円面 　寸法 [10 ▼]

点 ｜／

4 ここをクリック

5 ここをクリック

面取の作図ができた

160 **できる**

121

Q 面寸法を指定して
面取りするには

お役立ち度 ★★★

A [角面（面寸法）] を使用します

サンプル

切り取り面の寸法を指定して面取りする場合は、[面取] コマンドを実行し、コントロールバー [角面（面寸法）] をオンにして、[寸法] に数値を入力します。以下の例では「10」と入力しています。線を順にクリックすると切り取り面の寸法「10」の面取ができます。

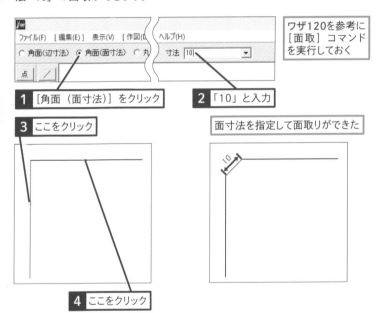

ワザ120を参考に
[面取] コマンド
を実行しておく

1 [角面（面寸法）] をクリック

2 「10」と入力

3 ここをクリック

面寸法を指定して面取りができた

4 ここをクリック

ショートカットキー
面取り
R

122 ❓ 丸面で面取りするには

🅰 [丸面] を使用します

サンプル

角を丸く面取りする場合は、[面取] コマンドを実行してから[丸面] をオンにして、[寸法] に数値を入力します。以下の例では「10」と入力して線を順にクリックし、半径「10」の丸面を作図しています。「-10」と入力した場合は凹んだ丸面が作図できます。

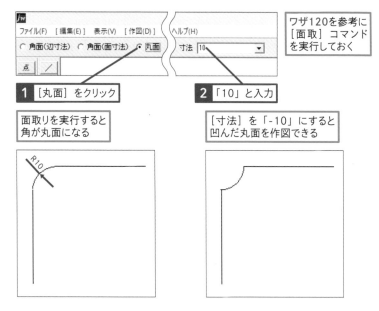

ワザ120を参考に [面取] コマンドを実行しておく

1 [丸面] をクリック

2 「10」と入力

面取りを実行すると角が丸面になる

[寸法] を「-10」にすると凹んだ丸面を作図できる

第7章 線や角を編集するには

123

Q しゃくり面で面取りするには

お役立ち度 ★★★

A [L面] を使用します

 サンプル

角を「しゃくり」面で面取りする場合は、[L面] をオンにして [寸法] に数値を入力します。ここでは「10,20」と入力し、線を順にクリックします。線をクリックする順番を変えることで、しゃくり面の形が変わります。

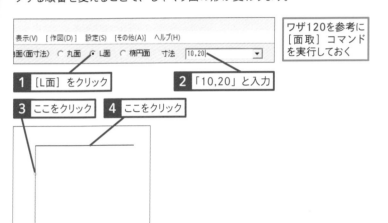

ワザ120を参考に
[面取] コマンド
を実行しておく

表示(V) [作図(D)] 設定(S) [その他(A)] ヘルプ(H)
面(面寸法) ○ 丸面 ● L面 ○ 楕円面 寸法 10,20

1 [L面] をクリック

2 「10,20」と入力

3 ここをクリック **4** ここをクリック

しゃくり面で面取りを
作図できた

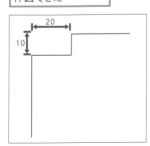

クリックの順序を変えると
しゃくり面の形が変わる

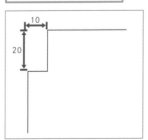

124

お役立ち度 ★★

A [楕円面] を使用します

サンプル

緩やかに角度の違う2線を楕円面で面取りする場合は、[楕円面]をオンにして[寸法]に数値を入力します。ここでは「10」と入力し、線を順にクリックします。角が楕円になり、緩やかなカーブが作図できます。

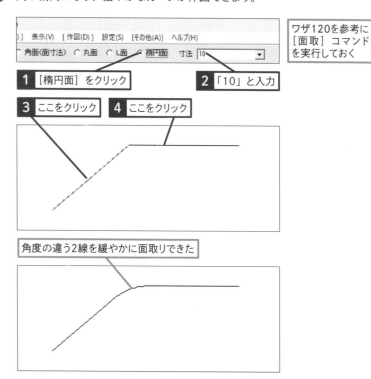

）] 表示(V) [作図(D)] 設定(S) [その他(A)] ヘルプ(H)
　 角面(面寸法) ○ 丸面 ○ L面 ● 楕円面　寸法 10

ワザ120を参考に [面取] コマンドを実行しておく

1 [楕円面] をクリック　　　**2** 「10」と入力

3 ここをクリック　　　**4** ここをクリック

角度の違う2線を緩やかに面取りできた

ショートカットキー　面取り
R

関連 120　角面で面取りするには　　　▶ P.160

125

Q 2つの線分の間に等間隔の線分を記入するには

動画で見る

お役立ち度 ★★★

A [分割] コマンドを実行します

サンプル

分割線を作図するには、[分割] をクリックして、[等距離分割] をオンにして [分割数] に分割したい数値を入力します。2つの線を順にクリックすると、その間に分割線が作図できます。2つの線の長さが異なる場合は、分割線もそれに合わせて短くなります。

● [分割] コマンドを実行する

1 [分割] をクリック

2 [等距離分割] をクリック

3 「7」と入力

次のページに続く ➡

●分割する部分を指定する

1 1本目の線分をクリック

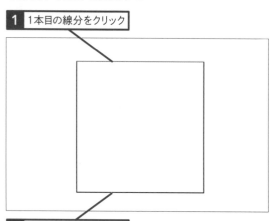

2 2本目の線分をクリック

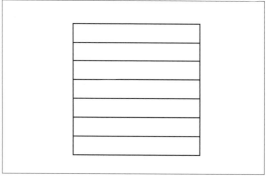

> 等間隔で7本の線分を
> 作図できた

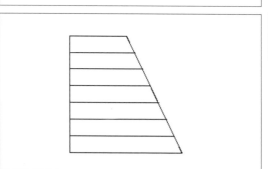

> 上下の線分の長さが
> 異なる場合も同様に
> 分割線を作図できる

126

Q 円（円弧）の間に
分割線を作図するには

お役立ち度 ★ ★ ★

A 線分の場合と同様です

サンプル

2つの円の間に分割線を作図する場合は、線分と同様に［分割］コマンドを実行してから［等距離分割］をオンにして［分割数］に分割したい数値を入力します。2つの円を順にクリックすれば、その間に分割線円が作図されます。円をクリックする順番は問いません。

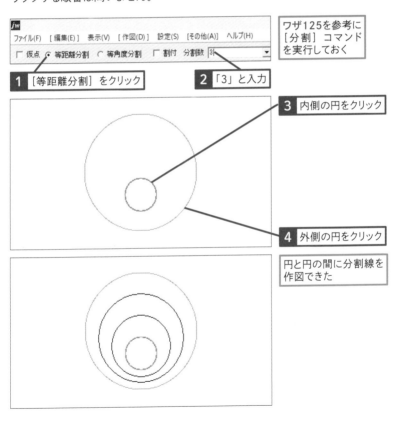

ワザ125を参考に
［分割］コマンド
を実行しておく

`jw`
ファイル(F) ［編集(E)］ 表示(V) ［作図(D)］ 設定(S) ［その他(A)］ ヘルプ(H)
☐ 仮点 ⦿ 等距離分割 ◯ 等角度分割 ☐ 割付 分割数 3

1 ［等距離分割］をクリック

2 「3」と入力

3 内側の円をクリック

4 外側の円をクリック

円と円の間に分割線を
作図できた

お役立ち度 ★ ★ ★

A 端点を右クリックで選択してから、
線（円弧）をクリックします

サンプル

第7章 線や角を編集するには

1本の線（円弧）上を点で分割する場合、[分割] コマンドを実行してから [等距離分割] をオンにして [分割数] に分割したい数値を入力します。下の例では線（円弧）の始点を右クリックし、線（円弧）の終点を右クリックし、線（円弧）上をクリックします。

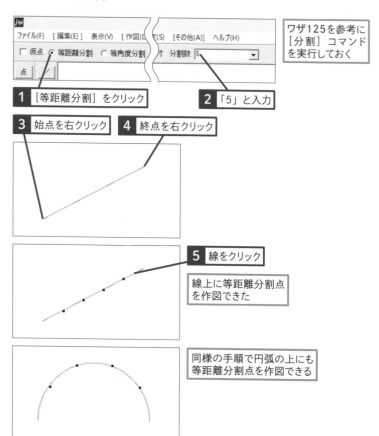

ワザ125を参考に
[分割] コマンド
を実行しておく

1 [等距離分割] をクリック

2 「5」と入力

3 始点を右クリック　**4** 終点を右クリック

5 線をクリック

線上に等距離分割点
を作図できた

同様の手順で円弧の上にも
等距離分割点を作図できる

128

Q 半楕円周を等角度分割して作図するには

お役立ち度 ★★

A 円弧の場合と同様に操作します

サンプル

半楕円周を等角度分割する場合、[分割] コマンドを実行してから [等距離分割] をオンにして [分割数] に分割したい数値を入力します。下の例では半楕円の始点を右クリックし、終点を右クリックし、半楕円周をクリックします。

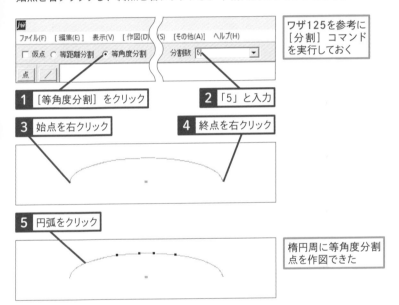

ワザ125を参考に [分割] コマンド を実行しておく

ファイル(F) [編集(E)] 表示(V) [作図(D) (S) [その他(A)] ヘルプ(H)
□ 仮点 ○ 等距離分割 ● 等角度分割 　分割数 5

1 [等角度分割] をクリック

2 「5」と入力

3 始点を右クリック

4 終点を右クリック

5 円弧をクリック

楕円周に等角度分割点を作図できた

役立つ豆知識

楕円周の等角度分割

楕円周を当角度分割すると、円周を当距離で分割した場合と結果が大きく異なります。楕円周の当角度分割は以下のように直径を指定した数値で等分割しており、円周の長さは左右が対称になります。

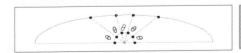

楕円周を等角度に分割する場合、円周の長さは長径と短径で異なる

お役立ち度 ★★★

A [割付] を使用します

サンプル

[分割] コマンドを実行してから[等距離分割]をオンにして[割付]にチェックマークを付け、[距離]に数値を入力します。以下の例では「10」と入力しています。線を順にクリックすると、最初にクリックした線から「10」の間隔で線が作図され、一番下が余りの幅になります。

第7章 線や角を編集するには

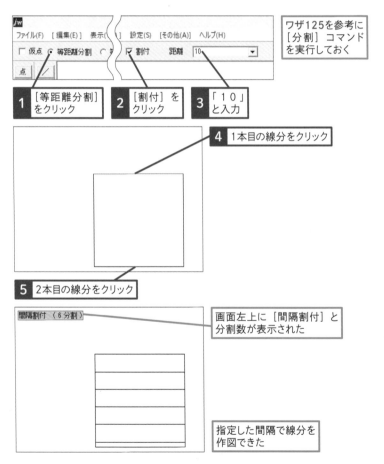

ワザ125を参考に
[分割] コマンドを実行しておく

```
fw
ファイル(F) [編集(E)] 表示(    ] 設定(S) [その他(A)] ヘルプ(H)
□ 仮点 ● 等距離分割 ○    ☑ 割付  距離 10          ▼
点  /
```

1 [等距離分割]をクリック

2 [割付]をクリック

3 「10」と入力

4 1本目の線分をクリック

5 2本目の線分をクリック

間隔割付 （6分割）

画面左上に [間隔割付] と
分割数が表示された

指定した間隔で線分を
作図できた

130 端数を両側に振り分けて等距離分割するには

サンプル

お役立ち度 ★★★

A [振分] を使用します

[分割] コマンドを実行してから [等距離分割] をオンにして [割付] にチェックマークを付け、[距離] に数値を入力します。[振分] にチェックマークを付けると、両端を等間隔に振り分けた分割線を作図できます。

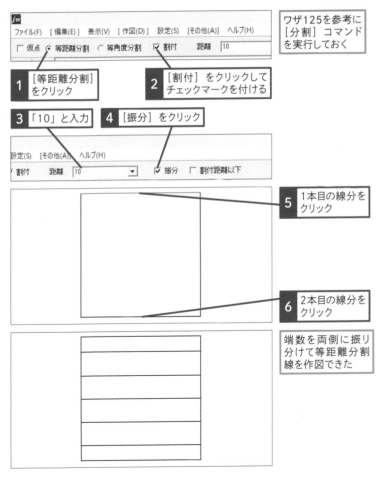

ワザ125を参考に [分割] コマンドを実行しておく

1 [等距離分割] をクリック

2 [割付] をクリックしてチェックマークを付ける

3 「10」と入力

4 [振分] をクリック

5 1本目の線分をクリック

6 2本目の線分をクリック

端数を両側に振り分けて等距離分割線を作図できた

Q 指定したピッチ以下の間隔で 等間隔に分割するには

お役立ち度 ★★★

A [割付距離以下] を使用します

サンプル

[分割] コマンドを実行してから[等距離分割] をオンにして[割付] にチェックマークを付け、[距離] に数値を入力します。[割付距離以下] にチェックマークを付けて線を順にクリックすると、割付距離を調整して等間隔の分割線を作図できます。

ファイル(F) [編集(E)] 表示(V) [作図(D)] 設定(S) [その他(A)] ヘルプ(H)
☐ 仮点 ⦿ 等距離分割 ○ 等角度分割 ☑ 割付 距離 [10

ワザ125を参考に [分割] コマンドを実行しておく

1 [等距離分割] をクリック

2 [割付] をクリックしてチェックマークを付ける

3 「10」と入力

[その他(A)] ヘルプ(H)
距離 [10 ▼] ☐ 振分 ☑ 割付距離以下

4 [割付距離以下] をクリックしてチェックマークを付ける

5 1本目の線分をクリック

6 2本目の線分をクリック

割付距離を調整して等距離分割線を作図できた

132 Q 2つの線分の間を 逆分割するには

お役立ち度 ★★★

A [逆分割] を使用します

サンプル

[逆分割] を使うと、2つの線分の間に仮想直線を設定し、それが交差するように分割線を作図できます。以下の例では [分割] コマンドを実行してから [等距離分割] をオンにして [分割数] に数値を入力します。1本目の線をクリックしてから [逆分割] をクリックし、2本目の線をクリックすると、逆分割が実行できます。練習用ファイルでは2本の線分の間に交差する線を引いてありますが、この線がなくてもコマンドは実行可能です。

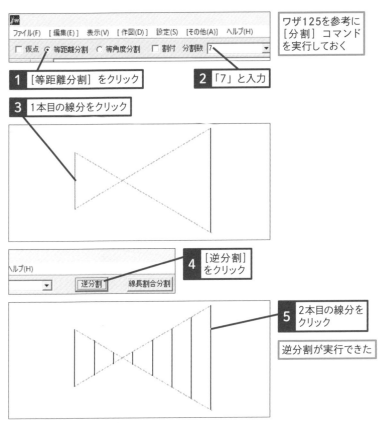

ワザ125を参考に [分割] コマンドを実行しておく

1 [等距離分割] をクリック

2 「7」と入力

3 1本目の線分をクリック

4 [逆分割] をクリック

5 2本目の線分をクリック

逆分割が実行できた

133 ❓ 2つの線分の間を 線長割合分割するには

お役立ち度 ★★★

🅐 [線長割合分割] を使用します

サンプル

第7章 線や角を編集するには

[線長割合分割] を使うと、線の長さに応じて分割する距離を変化させることができます。以下の例では [分割] コマンドを実行してから [等距離分割] をオンにして [分割数] に数値を入力します。1本目の線をクリックしてから [線長割合分割] をクリックし、2本目の線をクリックすると、線長割合分割が実行できます。逆分割と同様に、クリックした線以外の線はなくてもコマンドは実行できます。

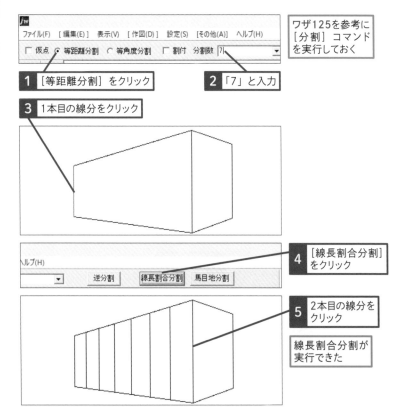

ワザ125を参考に [分割] コマンドを実行しておく

1 [等距離分割] をクリック

2 「7」と入力

3 1本目の線分をクリック

4 [線長割合分割] をクリック

5 2本目の線分をクリック

線長割合分割が実行できた

134

Q 2つの線分の間を馬目地分割するには

お役立ち度 ★ ★ ★

A [馬目地分割] を使用します

サンプル

ハッチングで使う「馬目地」を使って、2つの線分の間を分割することができます。以下の例では[分割]コマンドを実行してから[等距離分割]をオンにして[分割数]に数値を入力します。1本目の線分をクリックしてから、[馬目地分割]をクリックして分割数を入力し、[OK]をクリックしてから2本目の線分をクリックします。この操作も、クリックする2線以外はなくてもコマンドを実行できます。

第7章 線や角を編集するには

●馬目地分割を実行する

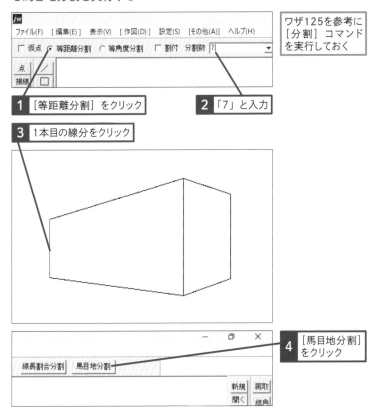

> ワザ125を参考に[分割]コマンドを実行しておく

```
fw
ファイル(F)  [編集(E)]  表示(V)  [作図(D)]  設定(S)  [その他(A)]  ヘルプ(H)
□ 仮点  ● 等距離分割  ○ 等角度分割  □ 割付  分割数 ?|
点
接線  /  □
```

1 [等距離分割] をクリック

2 「7」と入力

3 1本目の線分をクリック

```
                                    ─   □   ×
線長割合分割   馬目地分割                    新規  属取
                                          開く  線角
```

4 [馬目地分割] をクリック

次のページに続く →

●分割を実行する

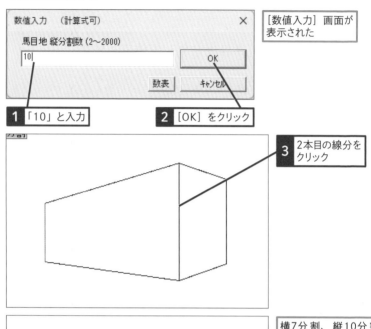

数値入力 （計算式可）　　　　　　　　　×

馬目地 縦分割数（2～2000）

[10]

OK

数表　　キャンセル

[数値入力] 画面が表示された

1 「10」と入力

2 [OK] をクリック

3 2本目の線分をクリック

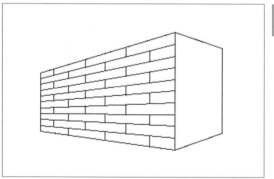

横7分割、縦10分割の馬目地を作図できた

関連 125	2つの線分の間に等間隔の線分を記入するには	▶ P.165
関連 133	2つの線分の間を線長割合分割するには	▶ P.174
関連 177	レンガ模様を作図するには	▶ P.231

第 **8** 章

図形の選択を
するには

[範囲] コマンドを使えば、図形や文字を選択する
ことができます。また、[<属性選択>] や [属性変更]
を使えば、効率的な選択、作図が可能となります。

135 Q 線分や円弧を選択するには

お役立ち度 ★★★

A [範囲] コマンドを実行します

サンプル

線分や円を選択するには、[範囲] コマンドを実行し、対象を右クリックします。右クリックして選択すると、選択された対象がピンク色で表示されます。複数の線分や円弧を続けて選択したい場合は、最初に選択する対象を右クリックし、次に選択する対象はクリックして指定します。なお、文字の場合は常に右クリックして選択します。

●線分から選択する

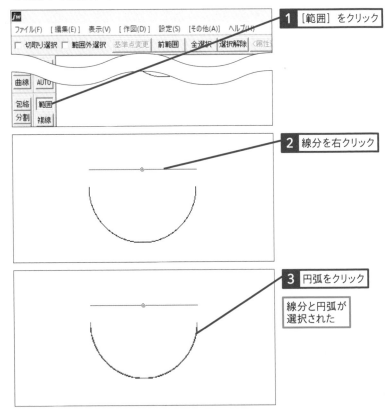

1 [範囲] をクリック

2 線分を右クリック

3 円弧をクリック

線分と円弧が選択された

第8章 図形の選択をするには

●円弧から選択する

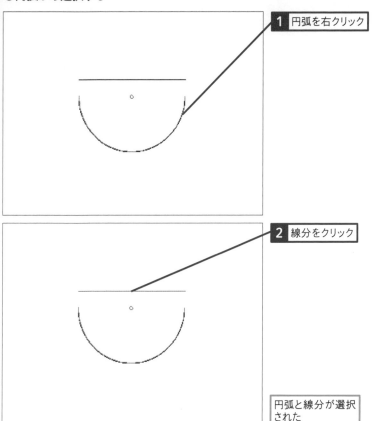

1 円弧を右クリック

2 線分をクリック

円弧と線分が選択された

  左4　範囲選択

 範囲選択
Y

 関連 136 円を選択するには　　　　　► P.180

136

Q 円を選択するには

お役立ち度 ★★★

A 円全体を囲むようにして選択します

サンプル

円弧は右クリックで選択できましたが、円の場合、全体を囲む必要があります。なお、図形を囲んで選択するとステータスバーに[追加・除外図形指示]と表示されます。この状態で他の図形をクリックすると、追加選択ができます。再度クリックすると選択が解除されます。

第8章 図形の選択をするには

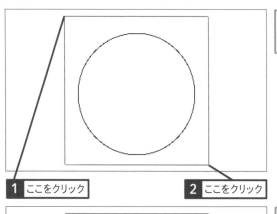

ワザ135を参考に[範囲]コマンドを実行しておく

1 ここをクリック　　**2** ここをクリック

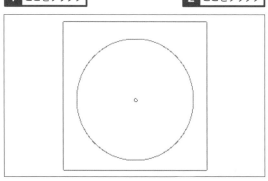

円を選択できた

🕐 クロックメニュー　左4　範囲選択

ショートカットキー　範囲選択　[Y]

180　**できる**

137

Q 文字を選択するには

お役立ち度 ★★★

A 文字を囲んで右クリックします [サンプル]

文字を選択する場合、文字のない所を使い、全体を囲むようにして最後は右クリックで選択します。終点をクリックすると文字は選択されませんので注意してください。

ワザ135を参考に
［範囲］コマンド
を実行しておく

玄関　　便所

リビング

1 ここをクリック　　　　**2** ここを右クリック

文字を選択できた

玄関　　　便所

リビング

クロック
メニュー　　左4　範囲選択

ショート
カットキー　範囲選択
　　　　　　[Y]

138 ❓ 複数の図形を選択するには

お役立ち度 ★★

A 選択したい図形全体を囲んで
選択します

サンプル

複数の図形をまとめて選択する場合は、[範囲]コマンドを実行して、選択したい図形を対角線上に囲みます。この際、選択枠が触れているだけの図形は選択されず、完全に囲まれた図形だけが選択されます。

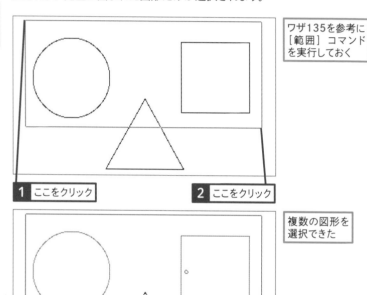

ワザ135を参考に
[範囲]コマンド
を実行しておく

1 ここをクリック

2 ここをクリック

複数の図形を
選択できた

完全に囲まなかった
図形は選択されない

クロック メニュー	左4　範囲選択
ショート カットキー	範囲選択 Y

第8章 図形の選択をするには

139

Q 図形と文字を
まとめて選択するには

動画で見る

お役立ち度 ★ ★ ★

A 全体を囲んで終点を
右クリックします

サンプル

図形と文字をまとめて選択したい場合は、複数の図形を選択するときと同様に
[範囲] コマンドを実行して対象を対角線上に囲みます。終点を右クリックする
ことで、文字も選択されます。

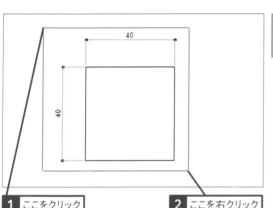

ワザ135を参考に
[範囲] コマンド
を実行しておく

1 ここをクリック　　**2** ここを右クリック

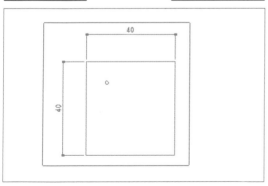

図形と寸法線、文字
がまとめて選択された

クロック
メニュー　　左4　　範囲選択

ショート
カットキー　　範囲選択
Y

140

Q 完全に囲めていない図形を選択するには

お役立ち度 ★★★

A 終点をダブルクリックします

サンプル

下記のような場合、いちばん外側の三角形だけを選択したいとき、全体を選択範囲で囲むと円と四角形まで選択されてしまいます。そんなときは、[範囲] コマンドを実行して、三角形の一部を囲み、終点をダブルクリックします。こうすることで、ガイドに触れているだけの図形を選択できます。

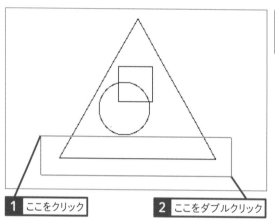

ワザ135を参考に
[範囲] コマンド
を実行しておく

1 ここをクリック   **2** ここをダブルクリック

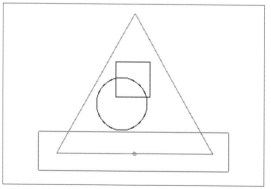

一部を囲んだ図形を
選択できた

 クロックメニュー   左4   範囲選択

141

Q 図形や文字を
全て選択するには

お役立ち度 ★★★

A [全選択] を使用します

サンプル

書き込みレイヤ・表示レイヤになっている画面上の図形や文字を全て選択するには、[範囲] コマンドを実行して [全選択] をクリックします。レイヤグループが異なる場合も選択されます。

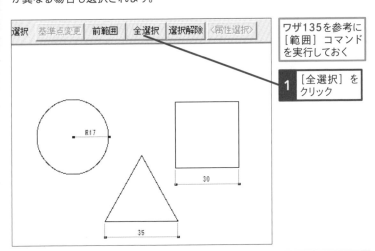

ワザ135を参考に
[範囲] コマンド
を実行しておく

1 [全選択] を
クリック

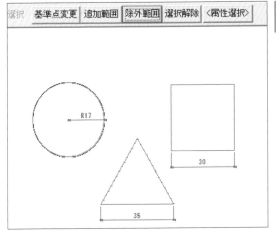

図形や文字を全て
選択できた

Q 線や文字を個別に
追加選択するには

お役立ち度 ★★★

A クリックまたは右クリックで
追加できます

サンプル

[範囲] コマンドを実行して図形や文字を囲んで選択した後に、個別で線や円を追加選択したい場合はクリック、文字を選択したい場合は右クリックで追加選択できます。この操作は1度だけでなく、何度も追加で選択することができます。

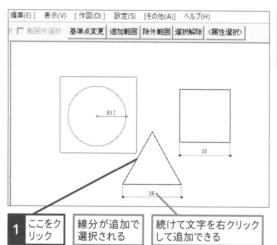

ワザ135を参考に [範囲] コマンドを実行して左側の円を選択しておく

1 ここをクリック | 線分が追加で選択される | 続けて文字を右クリックして追加できる

ステップアップ

選択を全て解除するには

現在選択されている図形を全て選択解除するには、コントロールバーの [選択解除] をクリックします。解除方法は他にもいくつかあり、図形の選択後に [範囲] を再度クリックしてコマンドを再実行したり、別のコマンドを実行したりすると選択が解除されます。また、Yキーを押しても解除できます。

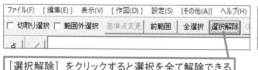

ワザ135を参考に [範囲] コマンドを実行しておく

[選択解除] をクリックすると選択を全て解除できる

第8章 図形の選択をするには

143

Q 複数の図形をまとめて追加選択するには

お役立ち度 ★ ★

A [追加範囲] を使用します

サンプル

[範囲] コマンドを実行して図形や文字を囲んで選択した後に、別の図形をクリックすると追加で選択できます。また [追加範囲] をクリックすると、画面の左上に「追加範囲」と表示され、図形や文字を囲むことでまとめて選択できます。

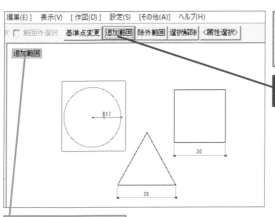

ワザ135を参考に
[範囲] コマンド
を実行して左側の
円を選択しておく

1 [追加範囲]
をクリック

[追加範囲] と表示された

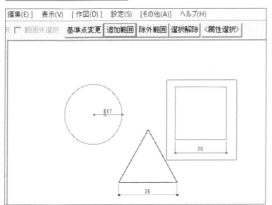

同様の手順で囲んだ
範囲を追加選択できる

144

Q 特定の属性をもつ図形や文字をまとめて選択するには

お役立ち度 ★★★

A [<属性選択>] を使います

サンプル

[<属性選択>] を使うと、特定の属性をもつ図形や文字だけをまとめて選択することができます。以下の例では [範囲] コマンドを実行して全ての図形や文字を選択した状態で [<属性選択>] をクリックし、[文字指定] にチェックマークを付けて文字だけを選択しています。属性は他にも、ハッチングした箇所やソリッド図形、寸法などを指定することができます。

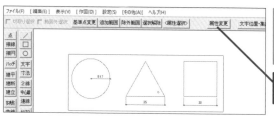

ワザ135を参考に [範囲] コマンドを実行して図形と文字を選択しておく

1 [<属性選択>] をクリック

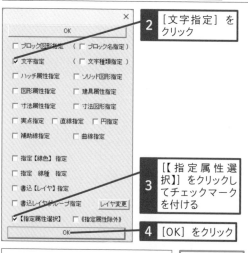

2 [文字指定] をクリック

3 [【指定属性選択】] をクリックしてチェックマークを付ける

4 [OK] をクリック

文字だけまとめて選択できた

第8章 図形の選択をするには

145

Q 図形や文字の線属性を個々に変更するには

お役立ち度 ★ ★ ★

A [属変] コマンドを使用します

サンプル

[属変] コマンドを使用すると、線属性や文字種をクリックだけで変更することができます。ワザ098を参考に線属性、ワザ191を参考に文字種を変更しておき、[属変] コマンドを実行します。[線種・文字種変更] にチェックマークを付けて、線や円を変更したい場合はクリック、文字を変更したい場合は右クリックします。

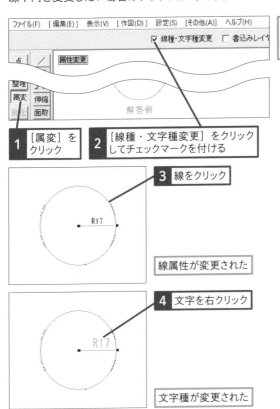

ファイル(F)　[編集(E)]　表示(V)　[作図(D)]　設定(S)　[その他(A)]　ヘルプ(H)

☑ 線種・文字種変更　☐ 書込みレイヤ

ワザ098とワザ191を参考に線属性と文字種を変更しておく

点 ／ ［属性変更］

整理
属変　伸縮
BL化　面取

解答例

1 [属変] をクリック

2 [線種・文字種変更] をクリックしてチェックマークを付ける

3 線をクリック

R17

線属性が変更された

4 文字を右クリック

R17

文字種が変更された

146

Q 複数の図形を全て同じ色に変更するには

お役立ち度 ★★★

A [属性変更] で線色を指定します

サンプル

[<属性選択>] と [属性変更] を組み合わせて使うと、線色や線種を素早く変更することができます。以下の例では [<属性選択>] で [線色3] の図形を選択し、[属性変更] で [線色1] に変更しています。なお [<属性選択>] の画面で操作項目をクリックすると [線属性] の画面が表示されます。[線属性]の画面で設定を行ない、[OK] をクリックすると [<属性選択>] の画面に戻るので、そこで [OK] をクリックするとコマンドが確定します。

●属性を選択する

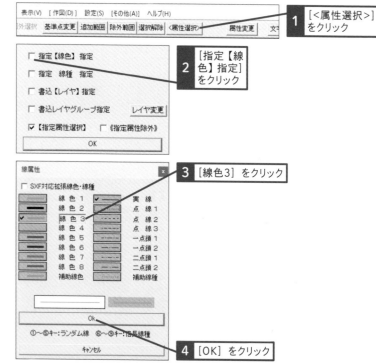

ワザ141を参考に図形をまとめて選択しておく

表示(V) [作図(D)] 設定(S) [その他(A)] ヘルプ(H)

外選択 基準点変更 追加範囲 除外範囲 選択解除 <属性選択> 属性変更 文字

1 [<属性選択>]をクリック

□ 指定【線色】指定
□ 指定 線種 指定
□ 書込【レイヤ】指定
□ 書込レイヤグループ指定   レイヤ変更
☑【指定属性選択】 □《指定属性除外》
OK

2 [指定【線色】指定]をクリック

線属性
□ SXF対応拡張線色・線種

線 色 1   実 線
線 色 2   点 線1
線 色 3   点 線2
線 色 4   点 線3
線 色 5   一点鎖1
線 色 6   一点鎖2
線 色 7   二点鎖1
線 色 8   二点鎖2
補助線色   補助線種

Ok

①～⑤キー:ランダム線 ⑥～⑨キー:倍長線種

キャンセル

3 [線色3] をクリック

4 [OK] をクリック

第8章 図形の選択をするには

●属性を変更する

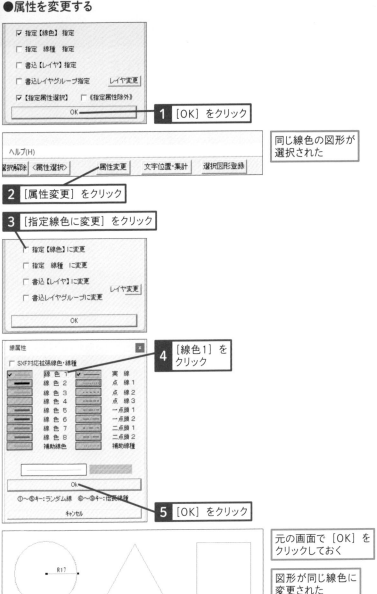

☑ 指定【線色】指定
☐ 指定 線種 指定
☐ 書込【レイヤ】指定
☐ 書込レイヤグループ指定　レイヤ変更
☑【指定属性選択】　☐《指定属性除外》
OK

1 [OK] をクリック

同じ線色の図形が
選択された

ヘルプ(H)
選択解除 〈属性選択〉　属性変更　文字位置・集計　選択図形登録

2 [属性変更] をクリック

3 [指定線色に変更] をクリック

☐ 指定【線色】に変更
☐ 指定 線種 に変更
☐ 書込【レイヤ】に変更
☐ 書込レイヤグループに変更　レイヤ変更
OK

線属性
☐ SXF対応拡張線色・線種
線 色 1　　実 線
線 色 2　　点 線 1
線 色 3　　点 線 2
線 色 4　　点 線 3
線 色 5　　一点鎖 1
線 色 6　　一点鎖 2
線 色 7　　二点鎖 1
線 色 8　　二点鎖 2
補助線色　　補助線種

Ok

①〜⑤キー:ランダム線　⑥〜⑨キー:倍長線種
キャンセル

4 [線色1] を
クリック

5 [OK] をクリック

元の画面で [OK] を
クリックしておく

図形が同じ線色に
変更された

R17

35　　30

Q 図形や文字を消去するには

お役立ち度 ★★★

A [消去] コマンドを実行します

サンプル

図形や文字を消去する方法はいくつかありますが、ここでは線や文字を1つずつ消去する方法を紹介します。[消去] コマンドを実行し、線や文字を右クリックします。円も同様に右クリックして消去します。

● [消去] コマンドを実行する

第8章 図形の選択をするには

1 [消去] をクリック

●対象を選択する

1 線分を右クリック

線が消去された　**2** 文字を右クリック

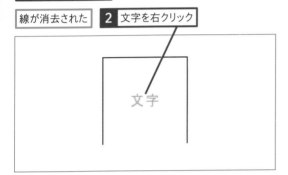

文字が消去された

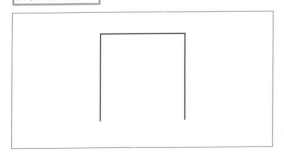

 クロック
メニュー　　　左10　消去

関連
148 図形や文字をまとめて消去するには　　▶ P.194

148

Q 図形や文字を
まとめて消去するには

お役立ち度 ★★★

A [範囲] コマンドで対象を選択します　サンプル

図形や文字をまとめて消去するには [範囲] コマンドを実行し、消去する図形や文字を選択してから、[消去] コマンドを実行します。なお、キーボードの Delete キーを押しても同様に消去できます。

ワザ135を参考に [範囲] コマンドを実行しておく

1 ここをクリック　　**2** ここを右クリック

図形と文字が
選択された

文字

[消去] をクリック
すると消去される

 クロック
メニュー　　　　左10　消去

149

Q 線分の一部を消去するには

お役立ち度 ★★★

A 消去する部分を
右クリックで指定します

サンプル

[消去] コマンドを使って、線の一部分だけを消去することができます。以下の例では、選択しづらい線分を消去しています。まず消去したい線をクリックします。次に消去したい交点の始点を右クリックし、終点を右クリックします。交点を指定せずに任意の点で消去する場合は、操作3でクリックして消去します。

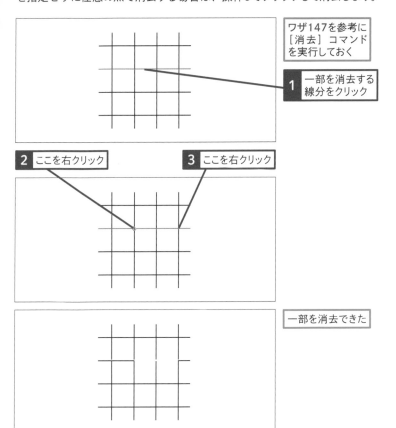

ワザ147を参考に
[消去] コマンド
を実行しておく

1 一部を消去する
線分をクリック

2 ここを右クリック

3 ここを右クリック

一部を消去できた

150

お役立ち度 ★★★

A [節間消し] を使用します

サンプル

[消去] コマンドを実行して [節間消し] にチェックマークを付けると、ワンクリックだけで線や点で挟まれた線を素早く消去することができます。操作が必要なくなったらチェックマークをはずしましょう。

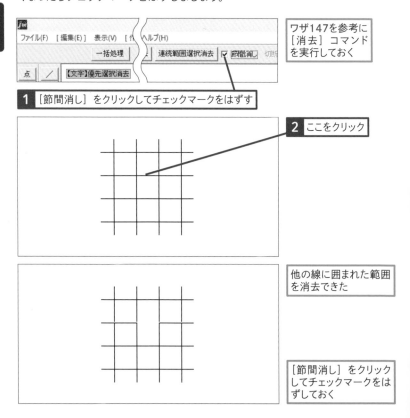

ワザ147を参考に [消去] コマンドを実行しておく

1 [節間消し] をクリックしてチェックマークをはずす

2 ここをクリック

他の線に囲まれた範囲を消去できた

[節間消し] をクリックしてチェックマークをはずしておく

 クロックメニュー　左10　消去

151

Q 2つの線に挟まれた範囲を
まとめて消去するには

お役立ち度 ★★★

A [一括処理] を使用します

`サンプル`

2つの線に挟まれた範囲の図形をまとめて消去するには、[消去] コマンドを実行し、[一括処理] をクリックします。まず消去する範囲を選択してから、消去する線分を指示します。なお、一括処理で消去できるのは線分のみです。

ワザ147を参考に
[消去] コマンド
を実行しておく

1 [一括処理] をクリック

2 消し始めの基準線をクリック

3 消し終わりの基準線をクリック

4 部分消しを始める
線分をクリック

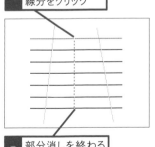

5 部分消しを終わる
線分をクリック

6 画面の何もないと
ころを右クリック

基準線で挟まれた線分を
まとめて消去できた

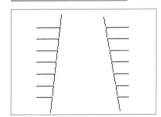

152

Q 消去する線分を囲まずに
選択するには

お役立ち度 ★★

A 始める線と終わる線を
右クリックで指示します

サンプル

複数の線をまとめて消去する場合、[範囲]コマンドを実行して囲んで選択するのではなく、[消去]コマンドだけで線を消去することができます。以下の例では[消去]コマンドの実行後に[一括処理]をクリックし、始める線を右クリックで指定しています。続けて終わる線をクリックまたは右クリックし、[処理実行]をクリックするか何もないところで右クリックします。

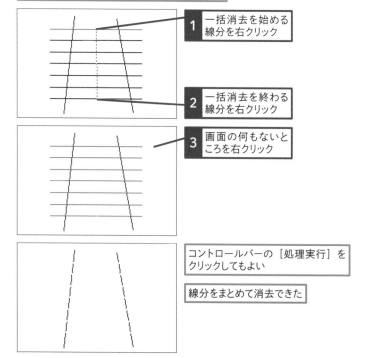

ワザ147を参考に[消去]コマンドを実行して
[一括処理]をクリックしておく

1 一括消去を始める
線分を右クリック

2 一括消去を終わる
線分を右クリック

3 画面の何もないと
ころを右クリック

コントロールバーの[処理実行]を
クリックしてもよい

線分をまとめて消去できた

 クロック
メニュー 　　左10　消去

153 Q 赤いガイドで切り取って線分を消去するには

お役立ち度 ★★★ **A** [包絡] コマンドを使います サンプル

[包絡] コマンドを使うと、複数の処理を素早く実行することができます。以下の例では [包絡] コマンドを実行し、[実線] にチェックマークを付けて実線を対象にしています。さらに消去範囲の始点をクリックし、終点を右クリックすることで、選択窓の赤い矩形状の範囲だけ、指定した線種を消去できます。なお、[消去] コマンドを実行して [範囲選択消去] をクリックし、[切取り選択] にチェックマークを付けて消去する範囲を囲み、[選択確定] をクリックしても同様の処理ができます。

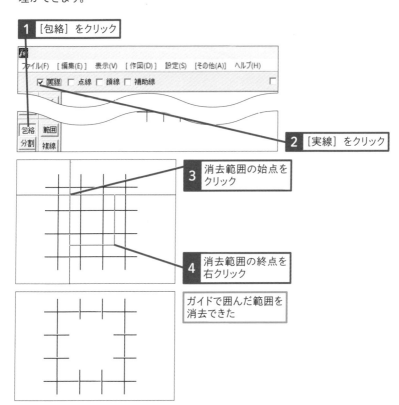

1 [包絡] をクリック

ファイル(F) [編集(E)] 表示(V) [作図(D)] 設定(S) [その他(A)] ヘルプ(H)

☑実線 ☐ 点線 ☐ 鎖線 ☐ 補助線

包絡 範囲
分割 複線

2 [実線] をクリック

3 消去範囲の始点をクリック

4 消去範囲の終点を右クリック

ガイドで囲んだ範囲を消去できた

154

Q 図形を移動するには

お役立ち度 ★★★

A ［移動］コマンドを使用します

サンプル

図形を移動する場合は、［移動］コマンドを実行して図形を選択します。以下の例では、［移動］コマンドを実行し、四角形の周りの始点をクリックし、対角線上に終点をクリックして選択します。次に［選択確定］をクリックし、移動したい場所でクリックします。なお、文字も選択する場合は、選択範囲を指定する際に終点を右クリックします。

●図形のみを選択する

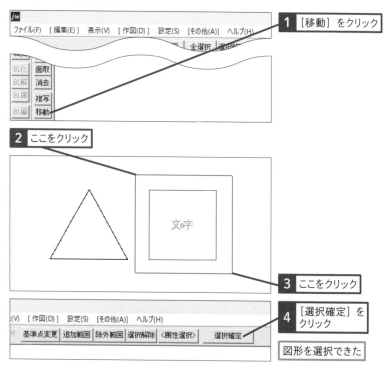

1 ［移動］をクリック

2 ここをクリック

3 ここをクリック

4 ［選択確定］を
クリック

図形を選択できた

●図形を移動する

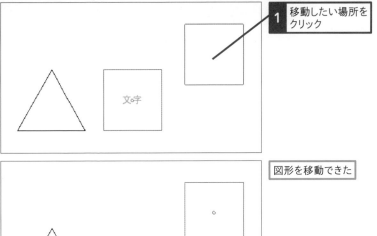

 移動したい場所を
クリック

図形を移動できた

画面をクリックすると移
動場所を変更できる

別のコマンドを実行すると
［移動］コマンドが終了する

●図形と文字を移動するには

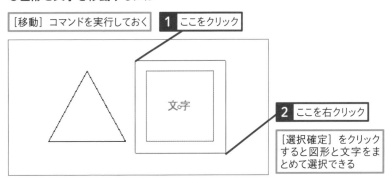

［移動］コマンドを実行しておく

1 ここをクリック

2 ここを右クリック

［選択確定］をクリック
すると図形と文字をま
とめて選択できる

155 Ｑ 図形を複写するには

お役立ち度 ★★★

Ａ [複写] コマンドを使用します

サンプル

図形を複写するには [複写] コマンドを使用します。以下の例では四角形の周りの始点をクリックし、対角線上に終点をクリックして選択します。次に [選択確定] をクリックし、移動したい場所でクリックします。なお、文字も選択する場合は、選択範囲を指定する際に終点を右クリックします。これらの操作は図形を移動するときと同様です。

第8章

図形の選択をするには

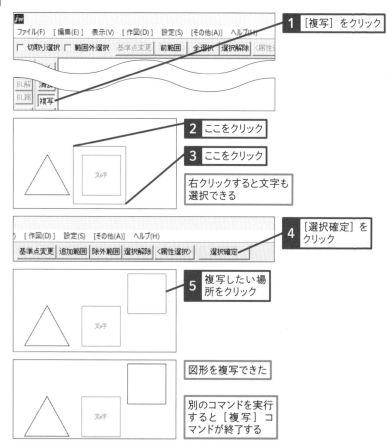

1 [複写] をクリック

2 ここをクリック

3 ここをクリック

右クリックすると文字も選択できる

4 [選択確定] をクリック

5 複写したい場所をクリック

図形を複写できた

別のコマンドを実行すると [複写] コマンドが終了する

156

Q [範囲]コマンドを実行してから移動や複写をするには

お役立ち度 ★★★

A 続けて[移動][複写]コマンドを実行します

サンプル

[範囲]コマンドで図形を選択してから、[移動]や[複写]などのコマンドを実行することができます。以下の例では四角形を選択してから[基準点変更]を実行し、[移動]または[複写]コマンドを実行しています。なお[基準点変更]は行わなくても、[移動]や[複写]コマンドを実行することが可能です。また、[移動]コマンドに続けて[複写]コマンドを実行することもできます。

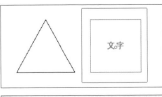

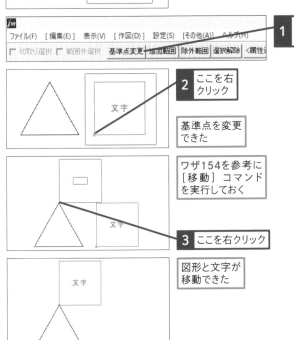

ワザ148を参考に図形と文字を選択しておく

1 [基準点変更]をクリック

2 ここを右クリック

基準点を変更できた

ワザ154を参考に[移動]コマンドを実行しておく

3 ここを右クリック

図形と文字が移動できた

Q 方向を横に固定して
図形を移動（複写）するには

お役立ち度 ★★★

A [任意方向] をクリックして
[X方向] にします

サンプル

[移動] コマンドを実行して図形を選択し、コントロールバーの表示が[任意方向]のときは、自由な位置に移動できます。[任意方向]をクリックするか `space` キーを押すと、[X方向] [Y方向] [XY方向] の順に切り替わり、移動方向を固定できます。横に固定する場合は [X方向] にします。なお、[複写] コマンドでも同様の操作ができます。

第8章

図形の選択をするには

ワザ154を参考に [移動] コマンドを実行して
図形と文字を選択しておく

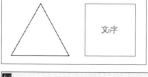

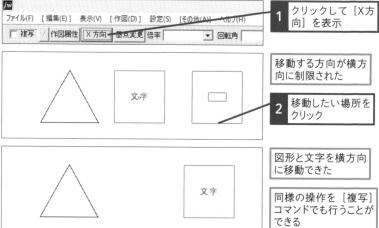

1	クリックして [X方向] を表示
	移動する方向が横方向に制限された
2	移動したい場所をクリック
	図形と文字を横方向に移動できた
	同様の操作を [複写] コマンドでも行うことができる

158

Q 基準点を変更して図形を移動（複写）するには

お役立ち度 ★ ★ ★

A ［基準点変更］をクリックします

サンプル

[移動] コマンドを実行して図形などを選んでから、選択を確定する前に基準点を変更することができます。以下の例では基準点を図形の中央から左下に変更しています。なお基準点を変更した後に、改めて基準点を選択し直したい場合は、基準点を選択した後の画面で［基点変更］をクリックします。［複写］コマンドでも同様の操作ができます。

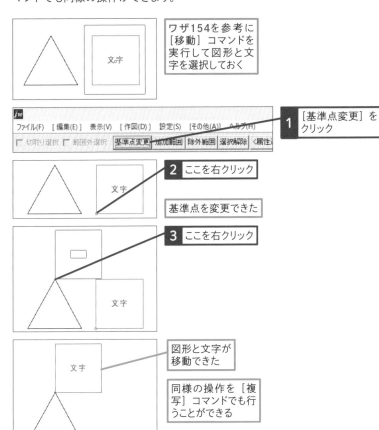

ワザ154を参考に［移動］コマンドを実行して図形と文字を選択しておく

1 ［基準点変更］をクリック

2 ここを右クリック

基準点を変更できた

3 ここを右クリック

図形と文字が移動できた

同様の操作を［複写］コマンドでも行うことができる

お役立ち度 ★★★

A ［数値位置］に数値を入力します

サンプル

元の図形から移動先（複写先）までの距離を指定して移動（複写）するには、［数値位置］の右側に、基点から複写先までの距離を「,」で区切って入力します。入力は横（X）、縦（Y）の順です。以下の例では、元の図形から右へ40mm、上へ30mmの位置に移動（複写）しています。

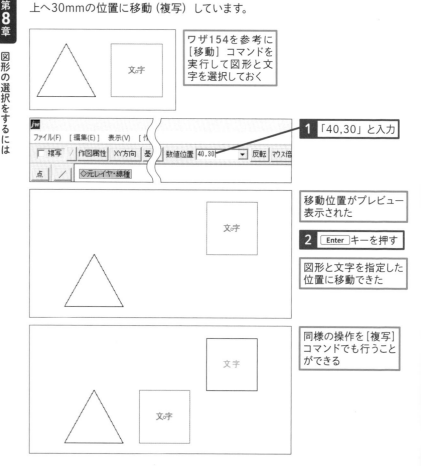

ワザ154を参考に
［移動］コマンドを
実行して図形と文
字を選択しておく

1 「40,30」と入力

移動位置がプレビュー
表示された

2 Enter キーを押す

図形と文字を指定した
位置に移動できた

同様の操作を［複写］
コマンドでも行うこと
ができる

160

Q 等距離で連続して図形を複写するには

お役立ち度 ★★★

A [複写] コマンドの [連続] を使用します

サンプル

[複写] コマンドで図形や文字を複写すると、元の位置からの距離と方向が記憶されます。複写の実行後に [連続] を必要なだけ続けてクリックすれば、同じ方向や同じ距離で続けて図形を複写できます。

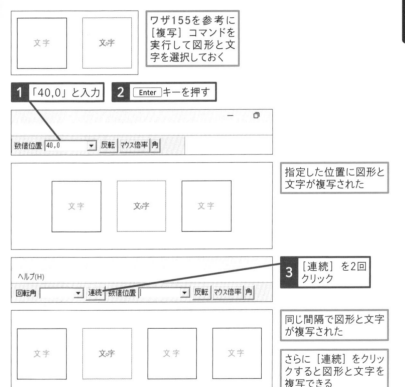

ワザ155を参考に [複写] コマンドを実行して図形と文字を選択しておく

1 「40,0」と入力　**2** Enter キーを押す

数値位置 40,0 ▼ 反転 マウス倍率 角

指定した位置に図形と文字が複写された

ヘルプ(H)

回転角 ▼ 連続 数値位置 ▼ 反転 マウス倍率 角

3 [連続] を2回クリック

同じ間隔で図形と文字が複写された

さらに [連続] をクリックすると図形と文字を複写できる

 クロックメニュー 左7　複写・移動

161

Q 図形を回転させるには

A [移動] コマンドで [回転角] に角度を入力します

サンプル

図形を回転移動させるには [移動] コマンドを実行し、[回転角] に角度を入力します。次に、中心点を右クリックして決定します。なお図形の基準点が中心になっていない場合は、ワザ156を参考に基準点を変更してから [回転角] に数値を入力します。

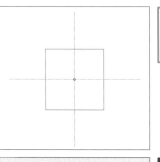

ワザ154を参考に
[移動] コマンド
を実行して図形を
選択しておく

1 「15」と入力

設定(S) [その他(A)] ヘルプ(H)
倍率 [____] ▼ 回転角 [15] ▼ 連

2 基準点を右クリック

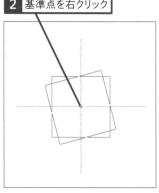

図形を回転できた

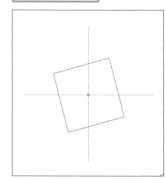

162

Q 図形を回転させながら
複写するには

お役立ち度 ★★

A [基点変更]で回転の
基準点を指定します

サンプル

図形を回転複写するには、まず[複写]コマンドを実行し、複写する図形を選択します。次に[基点変更]で回転の中心点を決め、[回転角]に数値を入力します。続けて回転の中心点を再度右クリックすると、図形が中心点を基準に回転して複写されます。

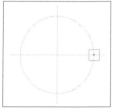

ワザ155を参考に[複写]コマンドを実行して図形を選択しておく

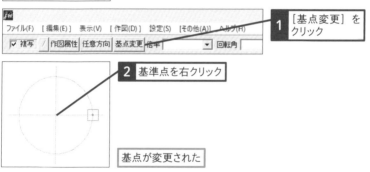

1 [基点変更]を
クリック

2 基準点を右クリック

基点が変更された

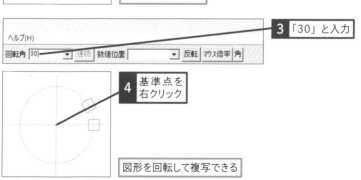

3 「30」と入力

4 基準点を
右クリック

図形を回転して複写できる

163 ❓ 他の図形の傾きに合わせて回転するには

お役立ち度 ★★★ **Ⓐ [線角] コマンドで角度を取得します** サンプル

作図済の図形の傾きに合わせて図形を回転させるには、[線角] コマンドを実行して角度を取得します。以下の例では [移動] コマンドを実行して基準点を変更してから、[線角] コマンドで長方形の角度を取得しています。続けて移動先の基準点を右クリックし、長方形の角度に合わせて回転しています。

ワザ154を参考に [移動] コマンドを実行して図形を選択しておく

1 [基点変更] をクリック

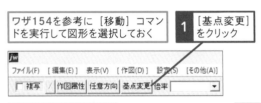

2 基準点を右クリック

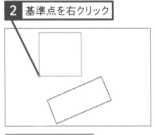

基点が変更された

3 [線角] をクリック

4 ここをクリック

長方形の角度を取得できた

5 基準点を右クリック

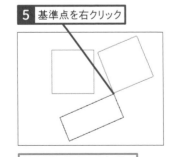

長方形の角度に合わせて回転できる

164

Q 図形を拡大・縮小するには

お役立ち度 ★ ★ ★

A [倍率] に数値を入力します

サンプル

図形を拡大・縮小するには [移動] または [複写] コマンドの実行中に [倍率] に数値を入力します。以下の例では [複写] コマンドを実行して円を選択し、基準点を変更してから [倍率] に数値を入力しています。「60/40」と入力すると、自動で計算されて60÷40＝1.5倍に拡大された円を複写できます。同様に「20/40」と入力すると、2分の1に縮小された円を複写できます。

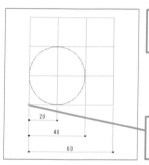

ワザ155を参考に [複写] コマンドを実行して円を選択しておく

ワザ156を参考に [基準点変更] コマンドを実行して基準点を左下に変更しておく

```
jw
ファイル(F)   [編集(E)]   表示(V)   [作図(D)]   設定(S)   [その他(A)
☑ 複写  /  作図属性 任意方向 基点変更 倍率 60/40        ▼
```

1 「60/40」と入力

2 ここを右クリック

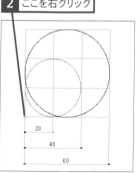

直径が1.5倍に拡大された円を複写できた

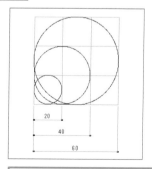

操作1で「20/40」と入力すると直径が1/2に縮小された円を複写できる

165

Q 他の図形に合わせて
サイズを変更するには

お役立ち度 ★ ★ ★

A ［マウス倍率］を使用します

サンプル

他の図形に合わせてサイズを変更することができます。サイズを変更したい図形を選択してから基準点を変更し、［マウス倍率］をクリックします。続けて図形の長さを画面上で読み取り、変更後の長さを指定します。変更後の倍率がわからないときに便利です。

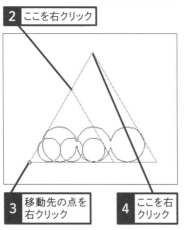

ワザ154を参考に
［移動］コマンド
を実行して円を選
択しておく

ワザ162を参考に
［基点変更］コマン
ドを実行して基
準点を左下に変更
しておく

| | ▼ 反転 | マウス倍率 | 角 |

1 ［マウス倍率］を
クリック

2 ここを右クリック

3 移動先の点を
右クリック

4 ここを右
クリック

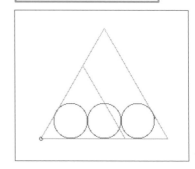

大きい三角形に内接するように
3つの円が拡大された

166

Q 図形を基準線で反転させるには

お役立ち度 ★★★

A [反転] を使用します

サンプル

Jw_cadの [反転] を使うと、鏡に映したような像（鏡像）を作ることができます。[移動] または [複写] コマンドの実行中に [反転] をクリックし、基準線をクリックします。以下の例は [移動] コマンドの実行中のため、基準線を挟んで図形が反転して移動しています。

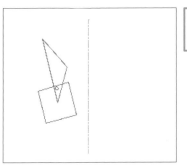

ワザ154を参考に [移動] コマンドを実行して図形を選択しておく

1 [反転] をクリック

数値位置 [   ] ▼ 反転 マウス倍率 角

2 基準線をクリック

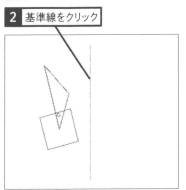

図形が反転して移動した

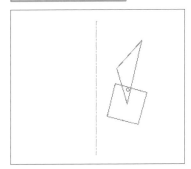

167 Q 書き込み線属性にして図形を複写するには

A [●書込み【線色】で作図] を使用します

サンプル

[複写] コマンドで複写すると、元の図形と同じ線色、線種で複写されます。書き込み線色、線種に変更するには複写する図形を選択してから [作図属性] をクリックして [●書込み【線色】で作図] にチェックマークを付けます。続けて複写を実行すると、書き込み線色、線種で複写できます。

ワザ155を参考に [複写] コマンドを実行して図形を選択しておく

1 [作図属性] をクリック

2 [●書込み【線色】で作図] をクリックしてチェックマークを付ける

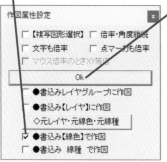

3 [OK] をクリック

作図属性設定

□ [複写図形選択] □ 倍率・角度継続
□ 文字も倍率　　　□ 点マーカも倍率
□ マウス倍率のときXY等倍

Ok

●書込みレイヤグループに作図
●書込み【レイヤ】に作図
◇元レイヤ・元線色・元線種
☑ ●書込み【線色】で作図
□ ●書込み 線種 で作図

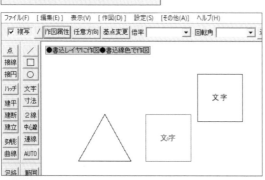

書込み線色で作図できるようになった

第 9 章

図形の変形、
塗りつぶしを
するには

ここでは、[包絡] コマンドを使って、いろいろな線
をまとめて整理する方法を説明します。

168

Q 交差した線から壁や柱を簡単に作図するには

動画で見る

お役立ち度 ★ ★ ★

A [包絡] コマンドを実行します

サンプル

[包絡] コマンドを使うと、同一属性 (同じ線色・線種・レイヤ) の線同士を囲んだ範囲の線から、不要な部分を自動的に消去して外郭の状態にすることができます。複数の線があるときは、線種を選択して処理対象の線を選ぶことができ便利です。なお、包絡の処理ができるのは直線のみです。

● [包絡] コマンドを実行する

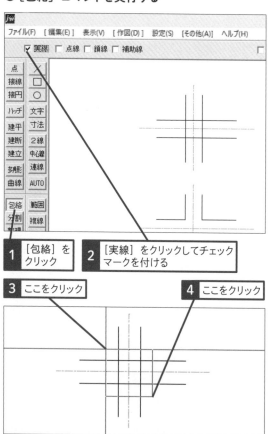

1 [包絡] をクリック

2 [実線] をクリックしてチェックマークを付ける

3 ここをクリック

4 ここをクリック

第9章 図形の変形、塗りつぶしをするには

216 **できる**

● 結果を確認する

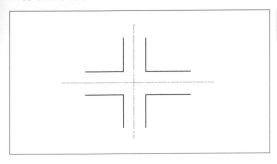

実線だけ包絡
処理された

● 他の図面に処理を実行する

1 ここをクリック

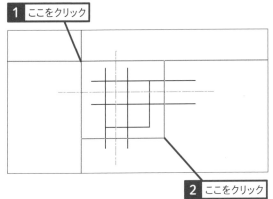

2 ここをクリック

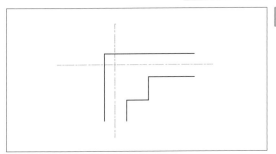

実線部分がつながった

 クロック
メニュー　　　　左3　　包絡

Q 包絡範囲の指定方法を教えて!

お役立ち度 ★★★

A 端点を選択するかどうかで結果が異なります

サンプル

[包絡] コマンドは囲むときの赤い枠内に、端点が入っているかいないかで結果が異なります。ここでは、ワザ168とは違う3つの例を紹介します。元の図は同じでも、囲み方の違いで結果が異なるのを確認しましょう。

> ワザ168を参考に [包絡] コマンドを実行して
> [実線] にチェックマークを付けておく

●T字型に処理するには

1 ここをクリック

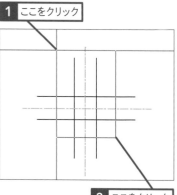

2 ここをクリック

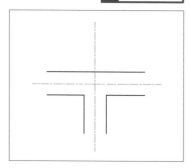

T字型に処理できた

●L字型に処理するには

1 ここをクリック

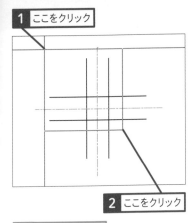

2 ここをクリック

L字型に処理できた

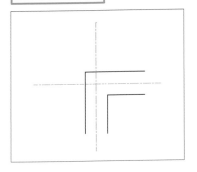

●柱の処理をするには

1 ここをクリック

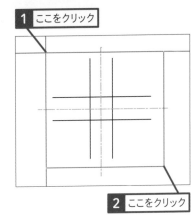

2 ここをクリック

柱に処理できた

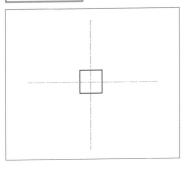

第**9**章 図形の変形、塗りつぶしをするには

 クロックメニュー　左3　包絡

 ショートカットキー　包絡処理　Q

170

Q 包絡範囲や中間部分を消去するには

お役立ち度 ★★★

A 終点のクリック方法を変更します

サンプル

[包絡] コマンドで囲むときに、終点をどうクリックするかで、処理結果が変化します。以下の3つの例は、同じ図を元にしていますが、囲むときの終点の指示の仕方が異なります。最初の例は通常の包絡範囲で終点をクリックしています。2つ目は終点を右クリックしており、赤い枠の範囲が切り取られます。3つ目は Shift キーを押しながら終点をクリックしており、中間消去が実行されます。

第9章 図形の変形、塗りつぶしをするには

ワザ168を参考に [包絡] コマンドを実行して [実線] にチェックマークを付けておく

●終点をクリックする

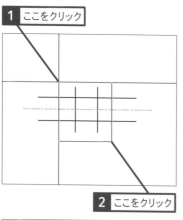

1 ここをクリック

2 ここをクリック

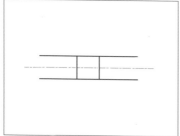

実線だけ包絡処理された

●終点を右クリックする

1 ここをクリック

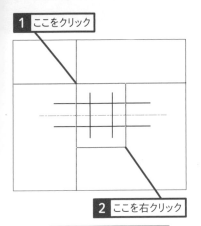

2 ここを右クリック

選択した範囲の線分を消去できた

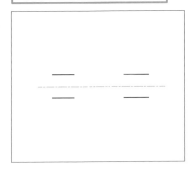

●終点を Shift キーを押しながら クリックする

1 ここをクリック

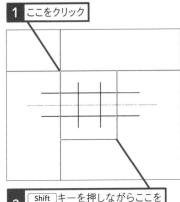

2 Shift キーを押しながらここを クリック

端点側の実線が消去された

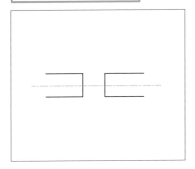

第9章 図形の変形、塗りつぶしをするには

 クロック メニュー 左3　包絡

 ショート カットキー 包絡処理 **Q**

関連
171 線の端部を［包絡処理］コマンドで 伸縮するには ▶ P.222

171

Q 線の端部を［包絡処理］コマンドで伸縮するには

お役立ち度 ★ ★ ★

A コーナー処理や線の伸縮などができます

サンプル

［包絡］コマンドを利用すれば、2つの線をコーナー処理したり、同一線上にある複数の線を1本の線に変換したりすることができます。また、複数の線を同じ位置に伸縮することもできます。以下の例から、［包絡］コマンドで指定する範囲を確認しましょう。

ワザ168を参考に［包絡］コマンドを実行して
［実線］にチェックマークを付けておく

●コーナー処理をする

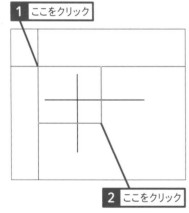

1 ここをクリック

2 ここをクリック

コーナー処理ができた

●1本の線に変換する

1 ここをクリック

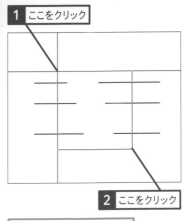

2 ここをクリック

それぞれ線分に変換された

●線を伸縮する

1 ここをクリック

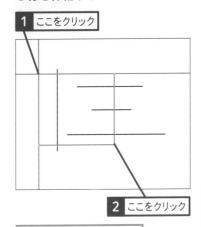

2 ここをクリック

線分が基準線まで伸縮した

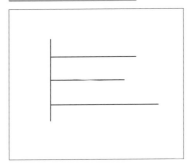

第9章 図形の変形、塗りつぶしをするには

クロックメニュー 左3 包絡

ショートカットキー 包絡処理 **Q**

172

Q 図面の一部を数値を指示して変形するには

お役立ち度 ★★★

A [パラメ] コマンドを実行します

サンプル

[パラメ] コマンドは、図面の修正作業をする際、とても役に立つコマンドです。以下の例では平面図でRC造りの右2つの柱を、壁と一緒に右へ「1000」動かしています。

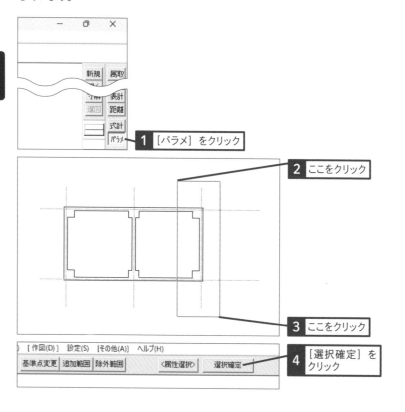

1 [パラメ] をクリック

2 ここをクリック

3 ここをクリック

4 [選択確定] をクリック

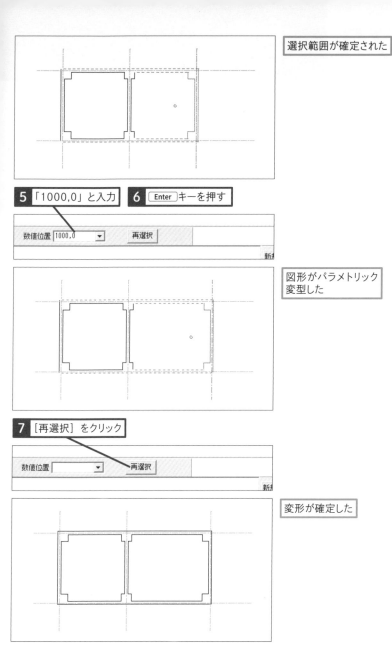

選択範囲が確定された

5 「1000,0」と入力 　　**6** Enter キーを押す

数値位置 [1000,0 ▼] 　再選択

図形がパラメトリック
変型した

7 [再選択] をクリック

数値位置 [▼] 　再選択

変形が確定した

第**9**章　図形の変形、塗りつぶしをするには

できる　**225**

173

Q 図面の一部を
マウス指示で変形するには

A 基準点を右クリックして指示します
サンプル

[パラメ] コマンドを実行した際に、図形が完全に囲まれている場合は形を変えずに移動することができます。以下の例では図形の下側の柱を選択して、[基準点変更] で基準点を変更しています。続けて新しい基準点を右クリックして、変形を確定しています。この場合は数値を入力する必要はありません。

第9章 図形の変形、塗りつぶしをするには

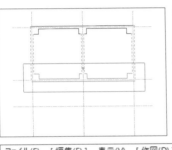

ワザ172を参考に
[パラメ] コマンド
を実行して下側の
柱を選択しておく

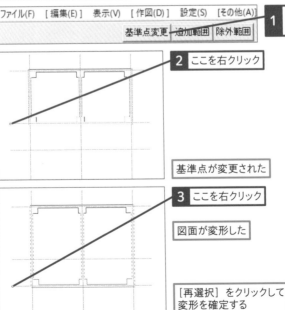

ファイル(F)　[編集(E)]　表示(V)　[作図(D)]　設定(S)　[その他(A)]

基準点変更　追加範囲　除外範囲

1 [基準点変更] を
クリック

2 ここを右クリック

基準点が変更された

3 ここを右クリック

図面が変形した

[再選択] をクリックして
変形を確定する

❓ 方向を固定して変型するには

お役立ち度 ★★

🅐 [X方向] [Y方向] などを指示します

[移動] [複写] コマンドなどと同様に、[パラメ] コマンドも変形させる方向を固定することができます。以下の例では基準点を指定してから [X方向] を表示して、変形の方向を横方向に固定しています。同様の手順で [Y方向] (縦方向)、[XY方向] (横または縦方向) に固定できます。

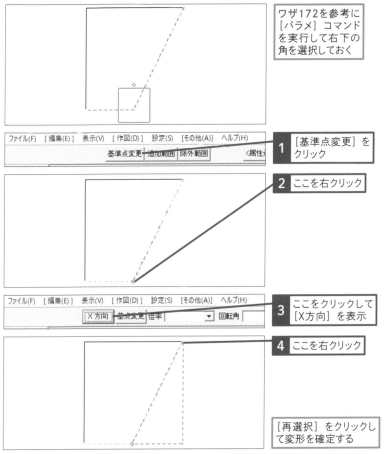

ワザ172を参考に
[パラメ] コマンド
を実行して右下の
角を選択しておく

ファイル(F) [編集(E)] 表示(V) [作図(D)] 設定(S) [その他(A)] ヘルプ(H)

基準点変更 追加範囲 除外範囲 〈属性

1 [基準点変更] を
クリック

2 ここを右クリック

ファイル(F) [編集(E)] 表示(V) [作図(D)] 設定(S) [その他(A)] ヘルプ(H)

X方向 基点変更 倍率 ▼ 回転角

3 ここをクリックして
[X方向] を表示

4 ここを右クリック

[再選択] をクリックし
て変形を確定する

175

Q ハッチの種類を教えて!

お役立ち度 ★★★

A コントロールバーの表示を
確認しましょう

サンプル

[ハッチ] コマンドを実行するとコントロールバーにハッチ可能な種類が表示されます。ハッチは全部で4種類あり、図形を使用することもできます。また、それぞれ角度やピッチ、線の間隔などの調整ができます。

●[ハッチ] コマンドを実行する

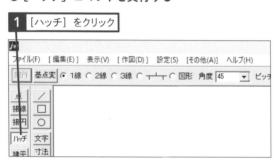

1 [ハッチ] をクリック

●ハッチの種類

ハッチングパターンを選択できる

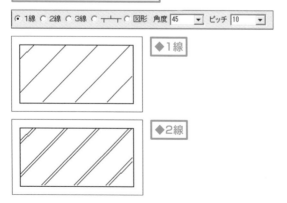

◆1線

◆2線

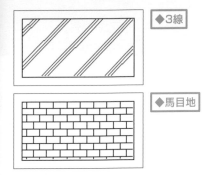

◆3線

◆馬目地

●角度、ピッチ、線間隔

ハッチングパターンの詳細を設定できる

角度 45 ▼ ピッチ 10 ▼ 線間隔 1 ▼ □ 実寸 クリアー 範囲選

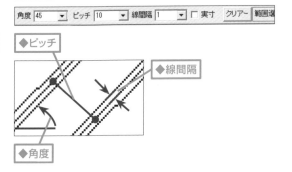

◆ピッチ

◆線間隔

◆角度

●その他のコマンド

◆基点変
ハッチングパターンの開始点を指定

実行 基点変 ○ 1線 ● 2線 ○ 3線 ○ ＋＋＋ ○ 図形 角度 45 ▼ ピッ

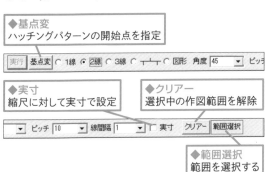

◆実寸
縮尺に対して実寸で設定

◆クリアー
選択中の作図範囲を解除

▼ ピッチ 10 ▼ 線間隔 1 ▼ □ 実寸 クリアー 範囲選択

◆範囲選択
範囲を選択する

176

Q ［1線］で化粧材の断面模様を作図するには

お役立ち度 ★★★

A ［1線］で［角度］と［ピッチ］を指定して作図します

サンプル

木造の平面詳細図を作図する場合、化粧柱は45°の斜線で表現するのが一般的です。この場合は［ハッチ］コマンドの［1線］を使うのが便利です。以下の例では角度「45」、ピッチ「2」を入力して作図しています。

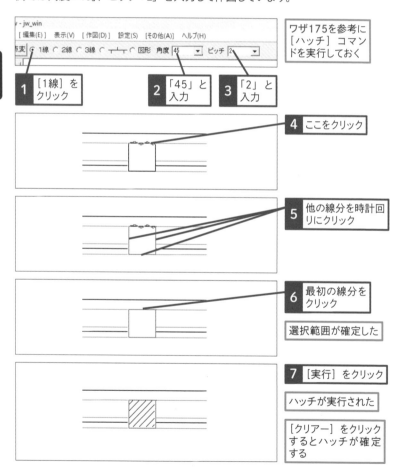

ワザ175を参考に［ハッチ］コマンドを実行しておく

1 ［1線］をクリック

2 「45」と入力

3 「2」と入力

4 ここをクリック

5 他の線分を時計回りにクリック

6 最初の線分をクリック

選択範囲が確定した

7 ［実行］をクリック

ハッチが実行された

［クリアー］をクリックするとハッチが確定する

177 ❓ レンガ模様を作図するには

❶ [ハッチ] コマンドの馬目地を選択します

サンプル

縦方向の目地が互い違いに並んだ馬目地を作図する場合、[ハッチ] コマンドの「┬┴」で作図できます。以下の例では、縦ピッチ「5」で横ピッチ「10」のレンガを積み重ねたような模様を作図しています。

ワザ176を参考に [ハッチ] コマンドを実行して図形を選択しておく

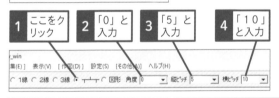

1 ここをクリック	2 「0」と入力	3 「5」と入力	4 「10」と入力

_win
集(E)] 表示(V) [作図(D)] 設定(S) [その他(N)] ヘルプ(H)
○ 1線 ○ 2線 ○ 3線 ⦿ ┬┴ ○ 図形 角度 0 ▼ 縦ピッチ 5 ▼ 横ピッチ 10 ▼

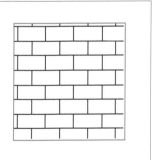

5 [実行] をクリック

ハッチが実行された

6 [クリアー] をクリック

ハッチが確定した

⏰ クロックメニュー 左7+右　ハッチ

第9章 図形の変形、塗りつぶしをするには

178

お役立ち度 ★ ★ ★

A [実行] の前に [基点変] を
クリックします

サンプル

[ハッチ] コマンドを確定するには [実行] をクリックしますが、その前に [基点変]
をクリックするとハッチの開始位置を変更することができます。図形内の指定位
置をクリックまたは右クリックすると、ハッチの開始位置が変わり、全体の模様
が変更されます。以下の例は馬目地を基点変更して作図しています。ワザ177の
結果と比較して、違いを確認しましょう。

第9章 図形の変形、塗りつぶしをするには

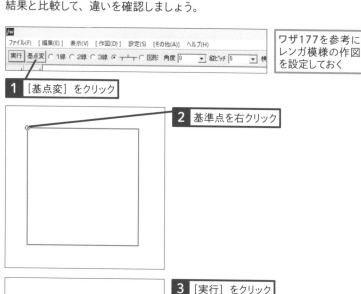

ワザ177を参考に
レンガ模様の作図
を設定しておく

1 [基点変] をクリック

2 基準点を右クリック

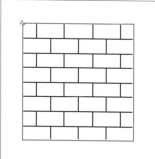

3 [実行] をクリック

実行

ハッチが実行された

4 [クリアー] をクリック

ハッチが確定した

179

Q 格子状の模様を描くには

お役立ち度 ★★★

A 縦横2回のハッチを実行します

サンプル

格子状の模様を［ハッチ］コマンドで作図するには、同じ範囲で縦横2回のハッチを実行します。［クリアー］ボタンをクリックするまでは、同じ範囲にハッチできます。以下の例では、［1線］を使い、角度「0」、ピッチ「5」と角度「90」、ピッチ「10」のハッチを実行しています。

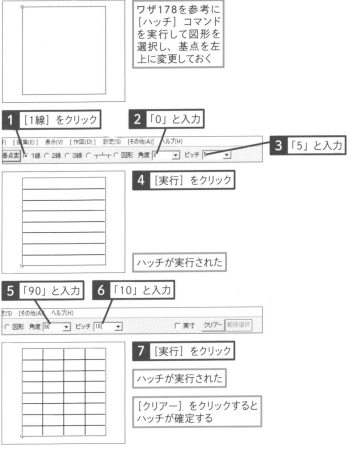

ワザ178を参考に［ハッチ］コマンドを実行して図形を選択し、基点を左上に変更しておく

1 ［1線］をクリック

2 「0」と入力

3 「5」と入力

) [編集(E)] 表示(V) [作図(D)] 設定(S) [その他(A)] ヘルプ(H)
基点変|• 1線 ⌒ 2線 ⌒ 3線 ⌒┬┬⌒ ⌒ 図形 角度|0 ▼| ピッチ|5 ▼|

4 ［実行］をクリック

ハッチが実行された

5 「90」と入力

6 「10」と入力

E(S) [その他(A) ヘルプ(H)
⌒ 図形 角度|90 ▼| ピッチ|10 ▼| ┌ 実寸 クリアー |範囲選択|

7 ［実行］をクリック

ハッチが実行された

［クリアー］をクリックするとハッチが確定する

180

Q ハッチ範囲を［範囲選択］で指定して作図するには

お役立ち度 ★★★

A ［ハッチ］コマンドの実行中に ［範囲選択］をクリックします

サンプル

［ハッチ］コマンドを実行してから各種の設定を行い、［範囲選択］をクリックしてハッチを行う図形を選択することができます。選択後は［選択確定］をクリックし、［実行］をクリックします。

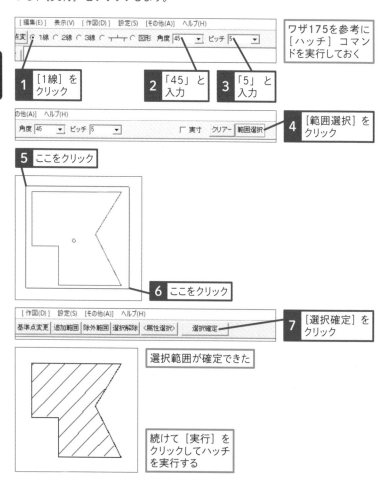

ワザ175を参考に ［ハッチ］コマンドを実行しておく

1 ［1線］をクリック

2 「45」と入力

3 「5」と入力

4 ［範囲選択］をクリック

5 ここをクリック

6 ここをクリック

7 ［選択確定］をクリック

選択範囲が確定できた

続けて［実行］をクリックしてハッチを実行する

第9章 図形の変形、塗りつぶしをするには

181

Q ハッチしない場所を指定するには

お役立ち度 ★★

A 除外する部分を選択します

サンプル

ハッチしない場所を指定するには、全体を選択してから除外する場所を続けて選択します。以下の例では、外側の図形を選択してから内側の図形を選択し、除外しています。ハッチを実行すると内側の図形の中はハッチされません。

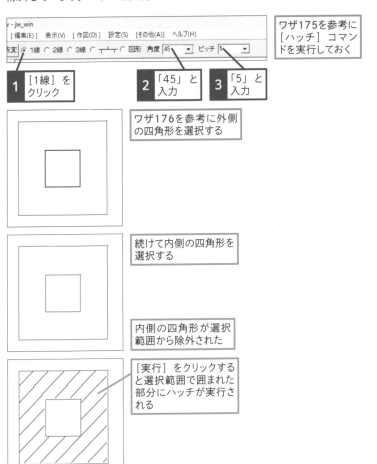

ワザ175を参考に［ハッチ］コマンドを実行しておく

1 ［1線］をクリック

2 「45」と入力

3 「5」と入力

ワザ176を参考に外側の四角形を選択する

続けて内側の四角形を選択する

内側の四角形が選択範囲から除外された

［実行］をクリックすると選択範囲で囲まれた部分にハッチが実行される

182

Q 「□」コマンドで長方形を塗りつぶすには

動画で見る

お役立ち度 ★★★

A [ソリッド] にチェックマークを付けます

サンプル

長方形や正方形の図形を塗りつぶすときは、[□] コマンドを実行して [ソリッド]を使用します。以下の例では[ソリッド]にチェックマークを付けてから[任意色]を選択し、[色の設定] 画面を表示して塗りつぶしの色を指定しています。続けて塗りつぶしたい図形を対角線上で選択して、指定した色で塗りつぶしています。

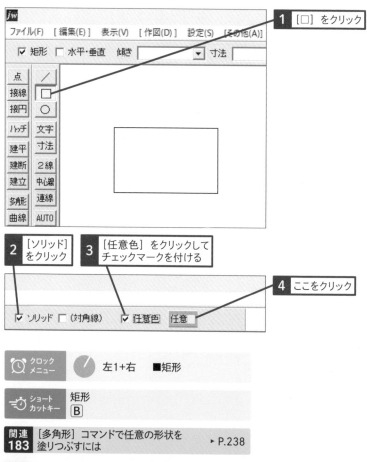

第9章 図形の変形、塗りつぶしをするには

1 [□] をクリック

2 [ソリッド]をクリック

3 [任意色]をクリックしてチェックマークを付ける

4 ここをクリック

☑ ソリッド □ (対角線) ☑ 任意色 任意

⏰ クロックメニュー ／ 左1+右 ■矩形

⌨ ショートカットキー 矩形 B

関連 183 [多角形] コマンドで任意の形状を塗りつぶすには ▶ P.238

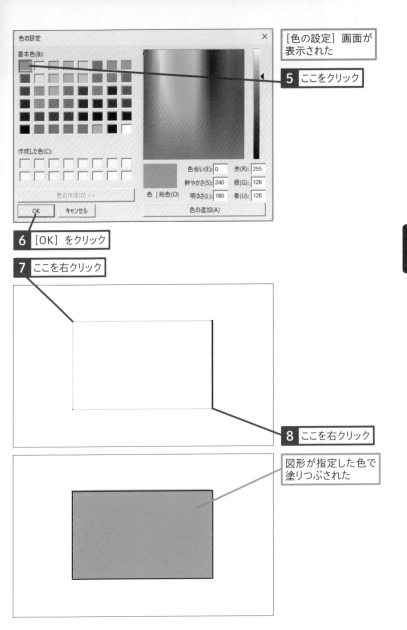

[色の設定] 画面が
表示された

5　ここをクリック

6　[OK] をクリック

7　ここを右クリック

8　ここを右クリック

図形が指定した色で
塗りつぶされた

色の設定

基本色(B):

作成した色(C):

色の作成(D) >>

OK　　キャンセル

色合い(E): 0　　赤(R): 255

鮮やかさ(S): 240　緑(G): 128

色 | 純色(O)　明るさ(L): 180　青(U): 128

色の追加(A)

183 [多角形] コマンドで任意の 形状を塗りつぶすには

お役立ち度 ★ ★ ★

A [曲線属性化] を使用します

サンプル

長方形や正方形以外の形状を塗りつぶすには [多角形] コマンドを使用します。
[多角形] コマンドの実行中に [任意] をクリックし、[ソリッド図形] にチェッ
クマークを付けます。次に、ワザ182同様の操作で色を選択し、ソリッド図形が
一つにつながるように [曲線属性化] にチェックマークを付けます。続けて、多
角形の各点を右クリックしてから [作図] をクリックすると、多角形の内側が塗
りつぶされます。

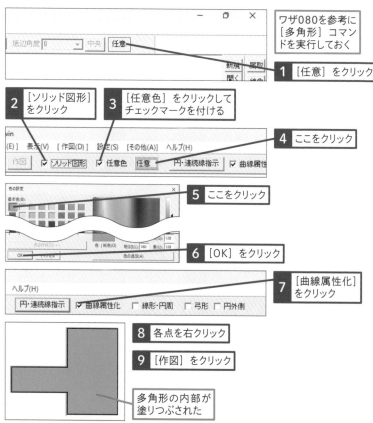

ワザ080を参考に
[多角形] コマン
ドを実行しておく

1 [任意] をクリック

2 [ソリッド図形]
をクリック

3 [任意色] をクリックして
チェックマークを付ける

4 ここをクリック

5 ここをクリック

6 [OK] をクリック

7 [曲線属性化]
をクリック

8 各点を右クリック

9 [作図] をクリック

多角形の内部が
塗りつぶされた

184

Q [多角形] コマンドで円や
閉じた図形を塗りつぶすには

お役立ち度 ★ ★ ★

A [円・連続線指示] を使用します サンプル

円を塗りつぶす場合は、[多角形] コマンドを実行して塗りつぶしの色を選択した後で、[曲線属性化] にチェックマークを付けて [円・連続線指示] をクリックします。続けて円の線上をクリックすると、円の内部が塗りつぶされます。閉じた図形の場合は、同様の操作で塗りつぶすことができます。

ワザ183を参考に [多角形]
コマンドを実行し、任意色
を選択しておく

1 [曲線属性化] をクリックしてチェックマークを付ける

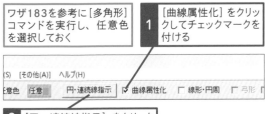

2 [円・連続線指示] をクリック

3 線上をクリック

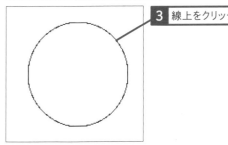

円の内部が塗りつぶされた

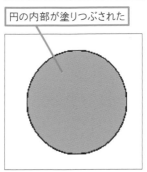

同様の手順で多角形の内部も
塗りつぶすことができる

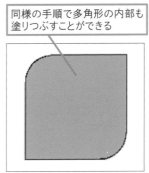

第9章 図形の変形、塗りつぶしをするには

できる **239**

185

Q 円や閉じた図形の線を消して塗りつぶすには

お役立ち度 ★★★

A 円や図形の線上を右クリックします

サンプル

円の線を消して塗りつぶす場合は、ワザ184と同様の操作で [円・連続線指示] をクリックした後に、円の線上を右クリックします。閉じた図形でも同様に、線を右クリックすると線を消して塗りつぶすことができます。

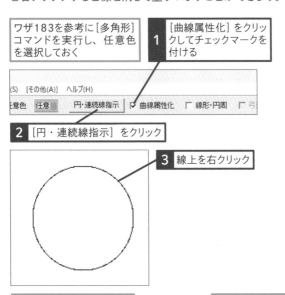

ワザ183を参考に [多角形] コマンドを実行し、任意色を選択しておく

1 [曲線属性化] をクリックしてチェックマークを付ける

(S) [その他(A)] ヘルプ(H)

任意色　任意　　円・連続線指示　☑ 曲線属性化　☐ 線形・円周　☐ 弓

2 [円・連続線指示] をクリック

3 線上を右クリック

円の内部が塗りつぶされ、線が消えた

同様の手順で多角形の内部も塗りつぶして線を消すことができる

第9章 図形の変形、塗りつぶしをするには

186 Q 円環ソリッドで塗りつぶした円を中抜きするには

お役立ち度 ★★

A 中抜きする円の半径を指定します サンプル

円の内側を除いて円環状に塗りつぶす場合は、円環ソリッド図形を使います。以下の例では [円・連続線指示] を右クリックし、外周円の線上をクリックして円環メソッドの数値入力画面を表示しています。内側の円の半径を入力して [OK] をクリックすると、円を中抜きして塗りつぶすことができます。

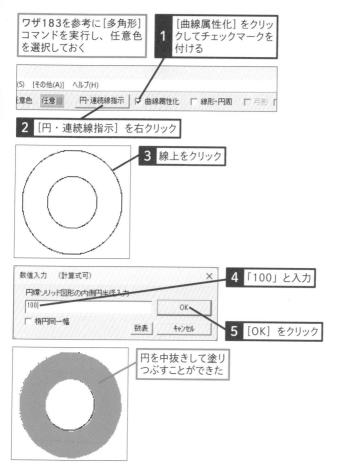

ワザ183を参考に [多角形] コマンドを実行し、任意色を選択しておく

1 [曲線属性化] をクリックしてチェックマークを付ける

(S) [その他(A)] ヘルプ(H)

意色 任意 | 円・連続線指示 | ☑ 曲線属性化 ☐ 線形・円周 ☐ 弓形

2 [円・連続線指示] を右クリック

3 線上をクリック

数値入力 （計算式可） ✕

円環ソリッド図形の内側円半径入力

100

☐ 楕円同一幅   数表   キャンセル   OK

4 「100」と入力

5 [OK] をクリック

円を中抜きして塗りつぶすことができた

187

Q 塗りつぶした色を変更するには

お役立ち度 ★★★

A ［多角形］コマンドを使用します

サンプル

［□］や［多角形］コマンドで作図したソリッド図形の色を変更するには、［多角形］コマンドを使います。［任意色］で変更後の色を選んだ後、Shift キーを押しながらソリッド図形をクリックすると、任意色に変わります。

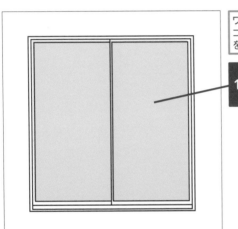

> ワザ183を参考に［多角形］コマンドを実行し、任意色を選択しておく

> **1** Shift キーを押しながら色を変更する図形をクリック

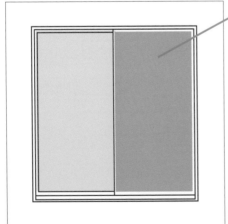

> 任意色で塗りつぶされた

188

Q 他の図形の色で塗りつぶしを実行するには

お役立ち度 ★★★

A Shift キー＋右クリックで色を取得します

サンプル

ソリッド図形の色を取得するには Shift キーを押しながら右クリックします。[多角形] コマンドを実行して [ソリッド図形] にチェックマークを付け、Shift キーを押しながら色を取得したいソリッド図形を右クリックします。色の取得が正しく行われると、画面の左上に [色取得] と表示され、[任意] ボタンの表示色が変わります。続けて、色を変えたい図形を Shift キーを押しながらクリックします。

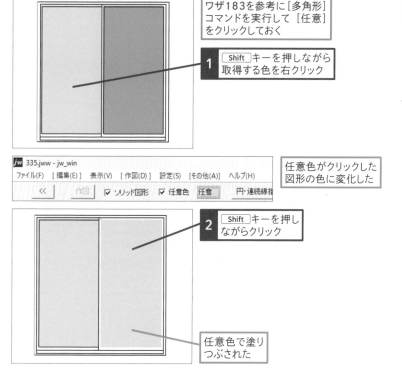

ワザ183を参考に [多角形] コマンドを実行して [任意] をクリックしておく

1 Shift キーを押しながら取得する色を右クリック

335.jww - jw_win
ファイル(F)　[編集(E)]　表示(V)　[作図(D)]　設定(S)　[その他(A)]　ヘルプ(H)
<<　作図　☑ ソリッド図形　☑ 任意色　任意　円・連続線指

任意色がクリックした図形の色に変化した

2 Shift キーを押しながらクリック

任意色で塗りつぶされた

189

Q ソリッド図形を消去するには

お役立ち度 ★★

A [消去] コマンドを実行して
右クリックします

サンプル

ソリッド図形を個別に消去するには、[消去] コマンドを実行し、ソリッド図形を個々に右クリックします。まとめて消去したいときは、[範囲] コマンドで図形全体を選択後、[<属性選択>] をクリックし、[ソリッド図形指定] にチェックマークを付けてから、[消去] コマンドを実行します。

第9章 図形の変形、塗りつぶしをするには

●個別に消去する

右クリックするとソリッドを消去できる

●まとめて消去する

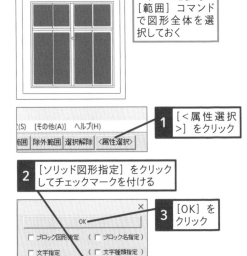

ワザ135を参考に[範囲] コマンドで図形全体を選択しておく

1 [<属性選択>] をクリック

(S)　[その他(A)]　ヘルプ(H)
範囲　除外範囲　選択解除　<属性選択>

2 [ソリッド図形指定] をクリックしてチェックマークを付ける

3 [OK] をクリック

□ ブロック図形指定　(□ ブロック名指定)
□ 文字指定　　　　(□ 文字種類指定)
□ ハッチ属性指定　☑ ソリッド図形指定
□ 図形属性指定　　□ 建具属性指定

ソリッド図形のみが選択された

[消去] をクリックするとソリッド図形のみ消去される

第10章

文字を
記入するには

ここでは、[文字] コマンドを使って、図面に文字
を記入する方法を説明します。Jw_cadでは文字は
図形や線、寸法などとも異なる操作をするので、しっ
かりと確認しておきましょう。

190

Q 文字の位置を決めてから
文字を入力するには

お役立ち度 ★★★

A ［基本設定］で設定を変更します

サンプル

［文字］コマンドで文字を入力するとき、初期状態では文字を入力した後に文字の位置を決めますが、［基本設定］画面で変更することができます。［基本設定］画面を表示してから［一般(2)］をクリックし、［文字コマンドのとき文字位置指定後に文字入力を行う。］にチェックマークを付けることで、文字の位置を決めてから文字を入力できるようになります。

●設定を変更する

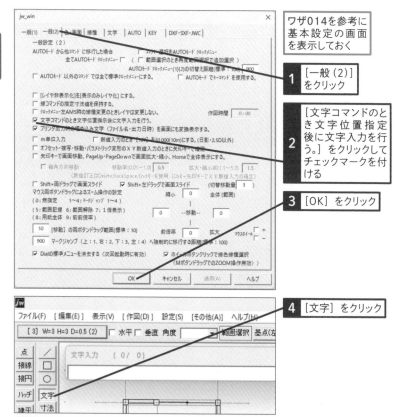

ワザ014を参考に基本設定の画面を表示しておく

1 ［一般（2）］をクリック

2 ［文字コマンドのとき文字位置指定後に文字入力を行う。］をクリックしてチェックマークを付ける

3 ［OK］をクリック

4 ［文字］をクリック

●文字を入力する

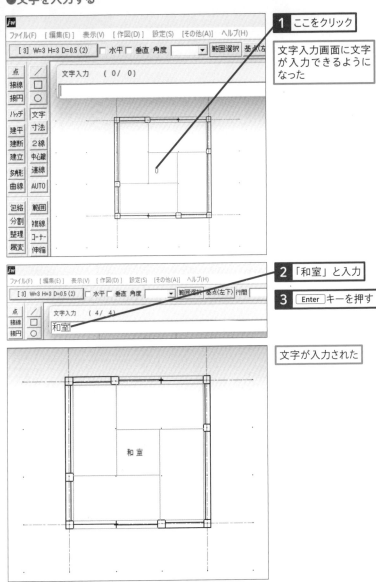

1 ここをクリック

文字入力画面に文字
が入力できるように
なった

2 「和室」と入力

3 Enter キーを押す

文字が入力された

Q 書込み文字種を選択して
文字を記入するには

動画で見る

お役立ち度 ★ ★ ★

A [書込み文字種変更]画面で
選択します

サンプル

[文字]コマンドの実行中に、文字の種類や色を素早く変更することができます。コントロールバーの文字種などが表示されているボタンをクリックして[書込み文字種変更]画面を表示し、フォントの種類と文字の書式を選びます。文字の書式は幅、高さ、間隔、文字色などを文字種[1]〜[10]から選ぶか、数値を入力して任意に設定できます。入力した文字は、1行分がひと固まりになった文字列として扱われます。

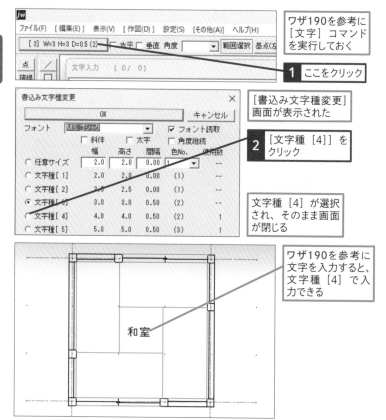

ワザ190を参考に
[文字]コマンド
を実行しておく

1 ここをクリック

[書込み文字種変更]
画面が表示された

2 [文字種[4]]を
クリック

文字種[4]が選択
され、そのまま画面
が閉じる

ワザ190を参考に
文字を入力すると、入
力できる

和室

192 Q 書込みフォントを変更するには

お役立ち度 ★★★

A 入力前と入力後のそれぞれで変更できます

サンプル

フォントの種類は入力前と入力後のどちらの場合も変更が可能で、それぞれ方法が異なります。入力前の場合は［書込み文字種変更］画面の［フォント］の「・」をクリックして、一覧から使いたいフォントを選びます。入力後は［文字入力］画面の右側の「・」をクリックして、同様にフォントの一覧から選びます。

ワザ190を参考に［文字］コマンドを実行しておく

●入力前に変更する

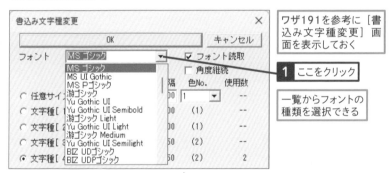

ワザ191を参考に［書込み文字種変更］画面を表示しておく

1 ここをクリック

一覧からフォントの種類を選択できる

●入力後に変更する

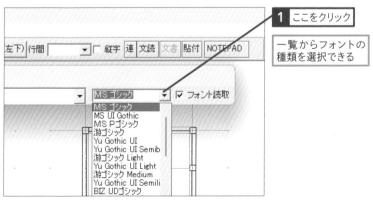

1 ここをクリック

一覧からフォントの種類を選択できる

193

Q 書込み文字を
斜体や太字にするには

お役立ち度 ★ ★ ★

A [書込み文字種変更]で
設定できます

サンプル

[書込み文字種変更] 画面で設定することで、文字を斜体や太字に変更できます。斜体と太字はそれぞれ設定できる他、同時に使用することもできます。

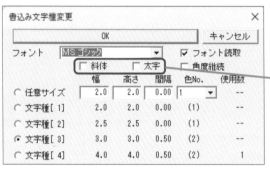

ワザ191を参考に [書込み文字種変更] 画面を表示しておく

ここをクリックしてチェックマークを付けると斜体、太字、斜体+太字に変更できる

第
10
章

文字を記入するには

●通常の書体

●斜体

●太字

194 Q 任意サイズの文字を 設定するには

お役立ち度 ★ ★

A [任意サイズ] で数値を指定します サンプル

[書込み文字種変更] 画面で文字の幅、高さ、間隔、色を任意に設定すること
できます。[任意サイズ] をクリックしてラジオボタンをオンにし、各項目に数値
を入力して設定します。色については「▼」をクリックして番号から選びます。

ワザ191を参考に [書込み文字種変更]
画面を表示しておく

1 [任意サイズ] を
クリック

2 「4」と
入力

3 「6」と
入力

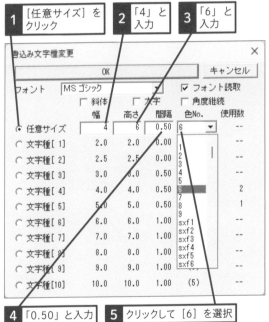

	幅	高さ	間隔	色No.	使用数
任意サイズ	4	6	0.50	6	--
文字種[1]	2.0	2.0	0.00		--
文字種[2]	2.5	2.5	0.00		--
文字種[3]	3.0	3.0	0.50		--
文字種[4]	4.0	4.0	0.50		2
文字種[5]	5.0	5.0	0.50		1
文字種[6]	6.0	6.0	1.00		--
文字種[7]	7.0	7.0	1.00		--
文字種[8]	8.0	8.0	1.00		--
文字種[9]	9.0	9.0	1.00		--
文字種[10]	10.0	10.0	1.00	(5)	--

4 「0.50」と入力   5 クリックして [6] を選択

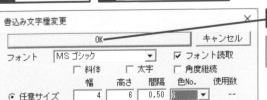

6 [OK] をクリック

任意サイズの文字を
設定できた

195

お役立ち度 ★★★

A [消去] で文字を右クリックします サンプル

文字列を個別に消去するには、[消去] コマンドを実行し、個々の文字列を右クリックします。これは線や円を個別に消去するときと同じです。

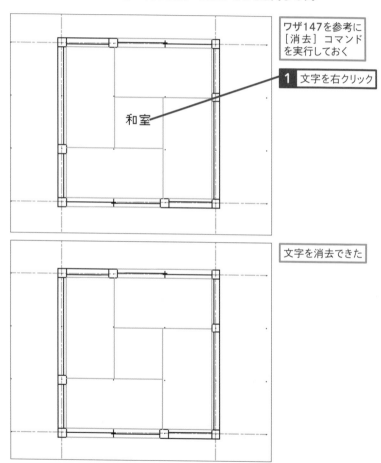

ワザ147を参考に
[消去] コマンド
を実行しておく

1 文字を右クリック

和室

文字を消去できた

［【文字】優先選択消去］とは

［消去］コマンドの［選択順切替］をクリックすると、画面左上に［【文字】優先選択消去］と表示され、「文字」「実点」「線・円・曲線・ブロック図形・ソリッド図形」の順番で優先消去される状態となります。もう一度［選択順消去］をクリックすると画面上に［線等優先選択消去］と表示され、初期状態に戻ります。

［選択順切替］をクリックすると
選択順を変更できる

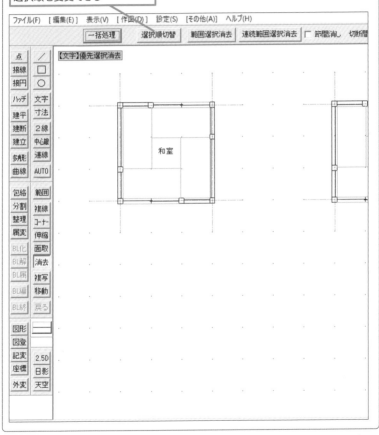

196 ❓ 文字列をまとめて消去するには

お役立ち度 ★★★

✅ [範囲選択消去] で選択します

サンプル

文字列をまとめて消去するには [消去] コマンドを実行して [範囲選択消去] を
クリックします。続けて文字を囲み、[選択確定] をクリックして消去します。
他にも [範囲] コマンドを実行し、文字を囲んでから [消去] コマンドを実行す
る方法もあります。

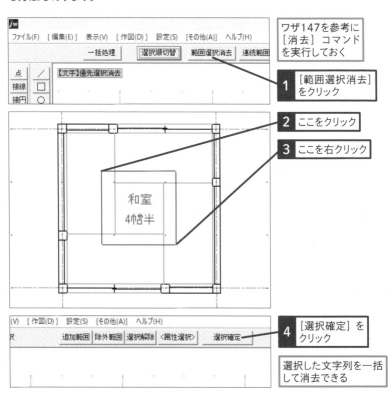

ワザ147を参考に
[消去] コマンド
を実行しておく

1 [範囲選択消去]
をクリック

2 ここをクリック

3 ここを右クリック

4 [選択確定] を
クリック

選択した文字列を一括
して消去できる

🕐 クロック
メニュー ◯ 左10 消去

関連
195 文字列を個別に消去するには ▶ P.252

197 Q 文字の基点位置を変更するには

お役立ち度 ★★★

A コントロールバーで基点を表示しているボタンをクリックします

サンプル

[文字] コマンドを実行し、コントロールバー [基点(左下)] をクリックすると、[文字基点設定] 画面が表示されます。この画面で、文字の基点を9箇所から選択できます。基点の位置は一番下の手順を参考にしてください。

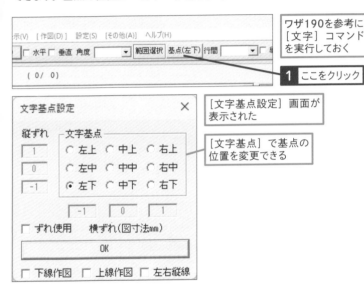

ワザ190を参考に [文字] コマンドを実行しておく

1 ここをクリック

[文字基点設定] 画面が表示された

[文字基点] で基点の位置を変更できる

●文字基点の位置

◆左上　◆中上　◆右上
◆左中　文字基点　◆右中
◆左下　◆中中　◆中下　◆右下

クロックメニュー　左12　文字

お役立ち度 ★★★

A [ずれ使用] を使います サンプル

ワザ197を参考に、[文字基点設定] 画面を表示して、[ずれ使用] にチェックマークを付けます。以下の例では、横ずれ「-2」、縦ずれ「-2」と入力しています。[文字] コマンドを実行すると基点から「2，2」離れた位置に文字の基点が移動して文字が記入されます。

第
10
章

文字を記入するには

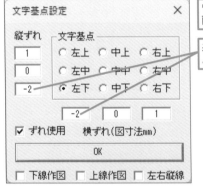

ワザ197を参考に [文字基点設定]
画面を表示しておく

基点から文字が「-2」ずつずれる
ように設定されている

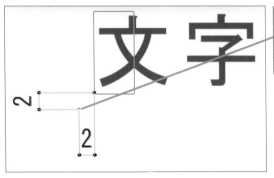

マウスカーソルをこの
位置に合わせると、基
点から文字が「2」ず
つずれていることがわ
かる

🕐 クロック
メニュー　　　　左12　文字

199

Q 斜線に沿った文字を記入するには

お役立ち度 ★ ★

A [線角] で角度を取得します

サンプル

斜線に沿った文字を記入するには、[文字] コマンドを実行してから [線角] コマンドを実行し、斜線をクリックします。文字を配置する場所のプレビューが斜線と同じ角度になるので、クリックして文字を配置する位置を決定します。

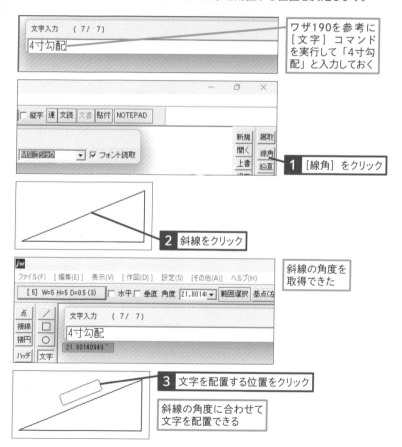

文字入力　（7/ 7）

4寸勾配

> ワザ190を参考に
> [文字] コマンドを実行して「4寸勾配」と入力しておく

□ 縦字 連 文読 文書 貼付 NOTEPAD

MS ゴシック ▼ ☑ フォント読取

新規　履取
開く　線角
上書　鉛直

1 [線角] をクリック

2 斜線をクリック

fw

ファイル(F)　[編集(E)]　表示(V)　[作図(D)]　設定(S)　[その他(A)]　ヘルプ(H)

[5] W=5 H=5 D=0.5 (3)　□ 水平 □ 垂直 角度 21.80140 ▼ 範囲選択 基点(左

点　／
接線 □
接円 ○
ハッチ 文字

文字入力　（7/ 7）

4寸勾配

21.80140949 °

> 斜線の角度を取得できた

3 文字を配置する位置をクリック

> 斜線の角度に合わせて文字を配置できる

🕐 クロック
メニュー

 右4+左　　線角度

200

Q 行間を指定して文字を記入するには

お役立ち度 ★★

A [行間] に数値を入力します

サンプル

[文字] コマンドを実行して [行間] に数値を入力すると、指定した間隔で改行して文字を入力できます。なお、改行した文字は1行ごとに分離されるため、前後の行はつながらないことに注意しましょう。

の他(A)] ヘルプ(H)

範囲選択 基点(左下) 行間 5 □ 縦字 連 文読 文書 貼付 NOTE

MS ゴシック ☑ フォント読取

> ワザ190を参考に [文字] コマンドを実行して「行間を合わせて」と入力しておく

1 「5」と入力

2 ここを右クリック

行間を合わせて   5

                    5

                    5

文字入力　（14／14）

文字を入力する|

3 続けて「文字を入力する」と入力

行間を合わせて   5

                    5

                    5

> 次の行にプレビュー表示された

4 [Enter] キーを押す

行間を合わせて   5

文字を入力する   5

                    5

> 入力が確定した

> 同様の手順で「方法」と入力する

201

Q 縦書きの文字を記入するには

**A [縦字] と [垂直] を
クリックします**

サンプル

文字を縦書きにするには [文字] コマンドを実行し、[縦字] にチェックマーク
を付けてから文字を入力します。[垂直] にもチェックマークを付けると、文字
は縦方向に記入されます。なお、[縦字] や [垂直] の設定は自動でオフには
ならないので手動で解除しましょう。

●文字を縦書きにする

ワザ190を参考に [文字]
コマンドを実行して「縦書
き文字」と入力しておく

1 [縦字] をクリックしてチェックマークを付ける

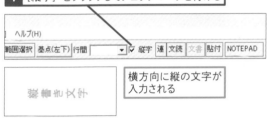

2 文字を配置する
位置をクリック

横方向に縦の文字が
入力される

●文字の方向を縦にする

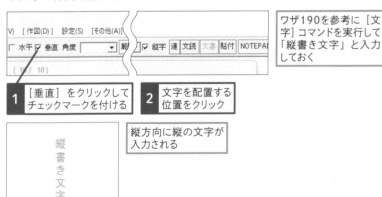

ワザ190を参考に [文
字] コマンドを実行して
「縦書き文字」と入力
しておく

1 [垂直] をクリックして
チェックマークを付ける

2 文字を配置する
位置をクリック

縦方向に縦の文字が
入力される

202

Q 図面に記入した文字を修正するには

お役立ち度 ★★★

A [文字] コマンドを実行して対象をクリックします

サンプル

文字を修正するには [文字] コマンドを実行し、修正する文字をクリックします。すると文字の内容が [文字変更・移動] に読み込まれるので、修正して Enter キーを押します。なお、修正の必要がない文字をクリックしてしまったときは、そのまま Enter キーを押すと解除されます。

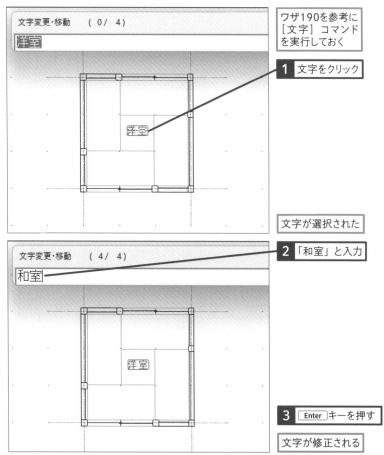

ワザ190を参考に [文字] コマンドを実行しておく

1 文字をクリック

文字が選択された

2 「和室」と入力

3 Enter キーを押す

文字が修正される

文字を記入するには

203 Q 文字を移動するには

お役立ち度 ★ ★ ★

**A 文字を選択して
クリックで移動します** ［サンプル］

［文字］コマンドを実行して、移動したい文字をクリックすると文字の位置を変更することができます。また、コントロールバーの基点が表示されているボタンをクリックすると、基点を変更することができます。また、図形などと同様に移動する方向を横方向、縦方向、縦横のいずれかの方向に限定することもできます。

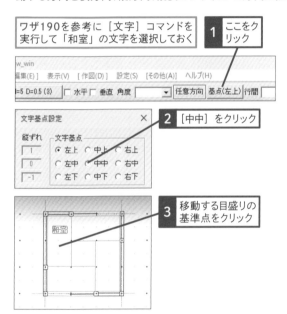

ワザ190を参考に［文字］コマンドを実行して「和室」の文字を選択しておく

1 ここをクリック

2 ［中中］をクリック

3 移動する目盛りの基準点をクリック

文字を移動できた

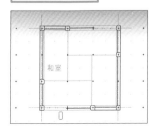

［任意方向］をクリックすると表示が変わり、移動方向を限定できる

204

Q 文字を複写するには

お役立ち度 ★ ★ ★

A 文字を右クリックで選択して複写できます

サンプル

［文字］コマンドを実行して、文字を右クリックで選択した後、基準点などを右クリックして複写できます。移動する場合と同様に、基準点の変更や複写方向の制限などが可能です。

ワザ190を参考に［文字］コマンドを実行して「和室」の文字を右クリックで選択しておく

ワザ197を参考に文字基点を［中中］にしておく

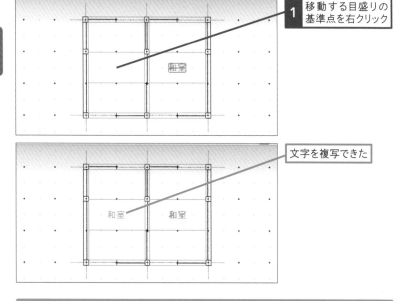

1 移動する目盛りの基準点を右クリック

文字を複写できた

第10章 文字を記入するには

🏛 役立つ豆知識

文字位置を指定後に文字入力を行う場合は

ワザ190で紹介した［基本設定］画面の［一般(2)］で［文字コマンドのとき文字位置指示後に文字入力を行う。］にチェックマークを付けている場合は、文字の移動や複写の操作がやや変更されます。文字を移動するときは Shift キー＋クリック、複写するときは Shift キー＋右クリックで文字を選択します。

205 Q 文字列を移動して揃えるには

お役立ち度 ★★ A 文字基点を使います サンプル

文字基点を使うと、複数の文字列を正確に揃えることができます。以下の例ではそれぞれの文字基点が [左下] になっている状態で、文字列の移動方向を横方向に制限して操作しています。先頭の文字基点を右クリックすることで、位置を正確に合わせています。

ワザ197を参考に [文字] コマンドを実行して文字基点が [左下] になっていることを確認しておく

[移動して] をクリックして選択しておく

1 ここをクリックして [X方向] を表示

2 ここを右クリック

文字列を
移動して
揃える

2行目と1行目の文字列が揃った

文字列を
移動して
揃える

同様の手順で3行目の文字列も揃える

文字列を選択後に Shift キーを押しながら操作すると、移動方向が横方向に限定される

206

Q 既存の文字列の書式を取得して文字を入力するには

お役立ち度 ★★★

A 文字をクリックすると自動で変更されます

サンプル

[文字] コマンドを実行して任意の文字をクリックすると、クリックした文字の書式を取得することができます。以下の例では [出入口] の文字種 [7] を書込み文字種として取得しています。なお [文字] コマンドを実行してから [属取] コマンドを実行し、書式を取得したい文字をクリックしても、文字種を変更できます。

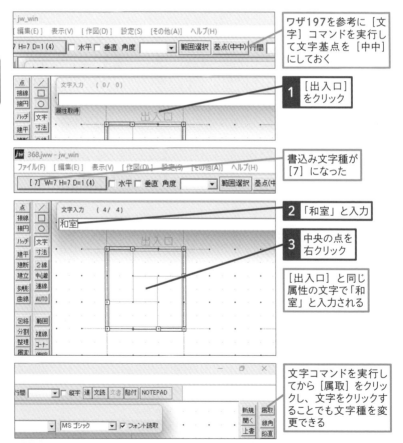

ワザ197を参考に [文字] コマンドを実行して文字基点を [中中] にしておく

1 [出入口] をクリック

書込み文字種が [7] になった

2 「和室」と入力

3 中央の点を右クリック

[出入口] と同じ属性の文字で「和室」と入力される

文字コマンドを実行してから [属取] をクリックし、文字をクリックすることでも文字種を変更できる

207 Q 文字列を均等割付するには

お役立ち度 ★ ★

A 文字列の後ろに「・」を 追加します

サンプル

文字を均等割付する場合は、文字列の後ろに「・」を入力します。文字が不足している分「・」を入力すると、文字と文字の間に空白が表示されて、バランスよく配置されます。

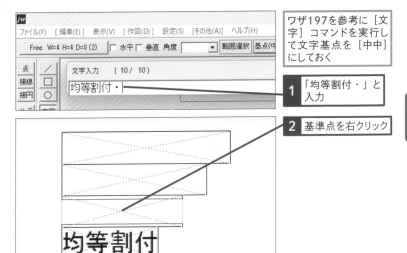

ワザ197を参考に [文字] コマンドを実行して文字基点を [中中] にしておく

1 「均等割付・」と入力

2 基準点を右クリック

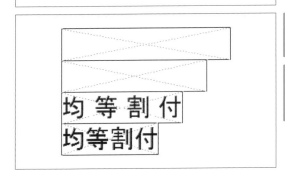

文字が枠線の中にバランスよく配置された

文字列の後の「・」を増やすと不足分の文字を補足して割付できる

208

Q 文字列を均等縮小するには

お役立ち度 ★ ★

A 文字列の後ろに「^」と数字を
入力します

サンプル

文字列をスペースに合わせて均等に縮小する場合は、文字列の後ろに「^」と
入力し、減らしたい文字数の分だけ数字を入力します。以下の例では、「キッチン」
の後ろに「＾2」を追加して文字1つ分を縮小して均等割り付けしています。また、
「＾4」と入力すると文字2つ分縮小して均等割り付けできます。

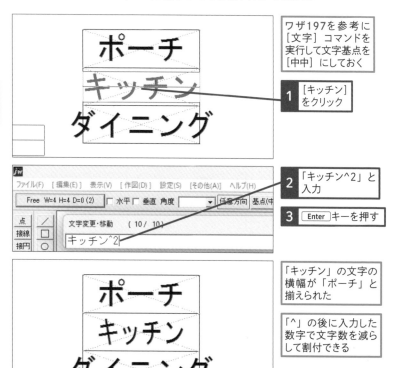

ワザ197を参考に
[文字] コマンドを
実行して文字基点を
[中中] にしておく

1 [キッチン]
をクリック

2 「キッチン^2」と
入力

3 Enter キーを押す

「キッチン」の文字の
横幅が「ポーチ」と
揃えられた

「^」の後に入力した
数字で文字数を減ら
して割付できる

209

Q Jw_cad独自の特殊文字を入力するには

お役立ち度 ★★★

A 「^」の前後に特定の文字を入力します

サンプル

Jw_cadには特有の記入方法で表現できる特殊文字があります。たとえば「m³」は「m^u3」と入力することで表現できます。この場合の「u」は「up（上）」を表していて、「^u3」は「上付文字の3」という意味になります。また、○や□の中に文字を入れたり、文字を重ねたりして表現することが可能です。

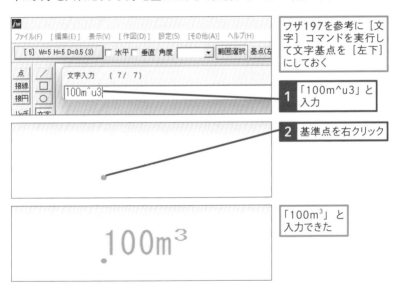

ワザ197を参考に［文字］コマンドを実行して文字基点を［左下］にしておく

1 「100m^u3」と入力

2 基準点を右クリック

「100m³」と入力できた

 クロックメニュー　左12　文字

 ショートカットキー　文字　A

次のページに続く→

●特殊記号の入力例

表示	種別	入力例	表示例
^d	下付文字	X^d0	X_0
^c	中付文字	Y^c5	Y_5
○^o	丸中央重ね文字	○^oア	⑦
○^w	丸半角2文字中央重ね文字	○^w19	⑲
□^o	四角中央重ね文字	□^o1	1
□^w	四角半角2文字中央重ね文字	□^w22	22
^b	重ね文字（重ね少）	P^bL	ℙ
^B	重ね文字（重ね中）	P^BL	ℙ
^n	重ね文字（重ね大）	P^nL	ℙ

[文字] コマンドで表示のように入力すると、図面上に特殊な文字を記入できる

第
10
章

文字を記入するには

役立つ豆知識

テキストファイルの文字コードに注意しよう

特殊文字に使われる文字や数値は半角が基本ですが、特殊文字の前に置く文字は全角でも問題ありません。また「○」（全角）は「○（漢数字）」と「○（記号）」など環境によって種類が異なりますが、どちらも使用できます。

第11章

寸法を
記入するには

ここでは、[寸法] コマンドを使って、いろいろな寸法線を作図する方法を説明します。寸法線は図形、文字とも異なる要素となりますので、特徴をしっかり把握しましょう。

210

Q ［寸法］コマンドのコントロールバーを確認するには

お役立ち度 ★★★

A ［寸法］コマンドを実行すると表示が変更されます

［寸法］コマンドを実行すると、コントロールバーの表示が変更されます。内容は操作しながら覚えていきましょう。また、[設定] をクリックすると [寸法設計] 画面が表示され、各種設定ができます。

●［寸法］コマンドを実行する

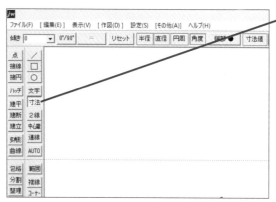

1 ［寸法］をクリック

●コントロールバー左側の内容を確認する

寸法線の傾きを設定する（ワザ222）	引出線の種類を切り替える（ワザ212）	寸法線の作図を停止する（ワザ211）

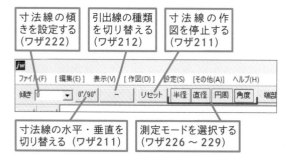

寸法線の水平・垂直を切り替える（ワザ211）

測定モードを選択する（ワザ226 ～ 229）

●コントロールバー右側の内容を確認する

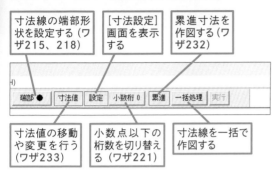

寸法線の端部形状を設定する（ワザ215、218）

[寸法設定]画面を表示する

累進寸法を作図する（ワザ232）

端部●　寸法値　設定　小数桁 0　累進　一括処理　実行

寸法値の移動や変更を行う（ワザ233）

小数点以下の桁数を切り替える（ワザ221）

寸法線を一括で作図する

●[寸法設定]画面の内容を確認する

寸法設定	×
【設定値は図寸(mm)単位】	OK

文字種類 3　フォント MS ゴシック ▼　□ 斜体
寸法線色 1　引出線色 1　矢印・点色 2　□ 太字
寸法線と文字の間隔 0.5　矢印設定　長さ 3
引出線の突出寸法 0　□ ソリッド　角度 15
□ 文字方向無補正　逆矢印の寸法線突出寸法 5
□ 全角文字 □ (,)をスペース □ (,)全角　□ (.)全角

寸法単位
　⊙ mm　○ m

寸法単位表示
　○ 有　⊙ 無

寸法値の(,)表示
　⊙ 有　○ 無

小数点以下の0表示
　○ 有　⊙ 無

小数点以下
　表 示 桁 数　⊙ 0桁 ○ 1桁 ○ 2桁　○ 3桁
　表示桁以下　⊙ 四捨五入 ○ 切捨　○ 切上

半径(R)、直径(φ)
　⊙ 前付　○ 後付　○ 無

角度単位
　○ 度(°)　⊙ 度分秒
□ 度(°)単位追加 無
小数点以下桁数 4

引出線位置・寸法線位置 指定 [=(1)] [=(2)]
　指定 1 引出線位置 5　寸法線位置 10
　指定 2 引出線位置 0　寸法線位置 5

指示点からの引出線位置 指定 [-]
　引出線位置 3

OK

累進寸法
□ 基点円　円半径 0.75　　□ 文字高位置中心

□ 寸法線と値を【寸法図形】にする。円周,角度,寸法値を除く
□ 寸法図形を複写・パラメトリック変形等で現寸法設定に変更
□ 作図した寸法線の角度を次回の作図に継続する
□ 寸法をグループ化する

寸法線の形状について各種設定を行う

211

Q 引出線の位置を画面上で指定して寸法記入するには

お役立ち度 ★★★

A [=] を表示して引出線の位置をクリックします

サンプル

[寸法] コマンドを実行すると、コントロールバーには初期状態で [=] が表示されています。クリックすると [=(1)] → [=(2)] → [-] → [=] の順に変更されます。引出線の位置を決めて寸法を作図する手順は以下の通りです。

> ワザ210を参考に [寸法] コマンドを実行しておく

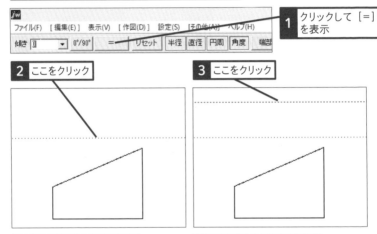

1 クリックして [=] を表示

ファイル(F)　[編集(E)]　表示(V)　[作図(D)]　設定(S)　[その他(A)]　ヘルプ(H)

傾き [0] ▼ 0°/90° = リセット 半径 直径 円周 角度 端部

2 ここをクリック

3 ここをクリック

引出線の始点が指定された

引出線の位置が指定された

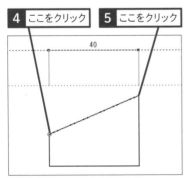

4 ここをクリック　**5** ここをクリック

40

指定した位置に寸法が作図された

●続けて垂直方向の寸法を作図する

1 [リセット] を
クリック

直前までの寸法線が
確定された

```
Jw
ファイル(F) [編集(E)] 表示(V) [作図(D)] 設定(S) [その他(A)] ヘルプ(H)
傾き 90 ▼ 0°/90° = リセット 半径 直径 円周 角度 端部
```

2 ここをクリック   寸法線の向きが垂直に設定された

3 ここをクリック   **4** ここをクリック

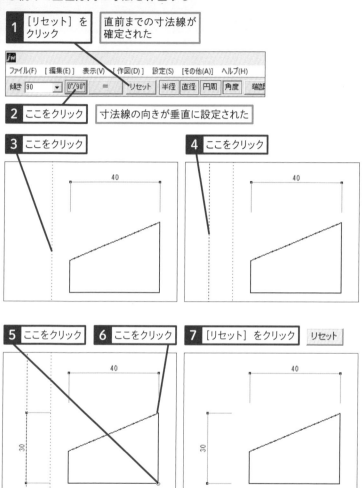

40

40

5 ここをクリック   **6** ここをクリック   **7** [リセット] をクリック   リセット

40   40

30   30

寸法が確定された

第**11**章

寸法を記入するには

212

Q 寸法線の位置だけを指定して寸法記入するには

お役立ち度 ★★★

A [-] を表示して引出線の位置をクリックします

サンプル

[寸法] コマンドを実行し、コントロールバーの [=] をクリックして [-] にします。続けて、寸法線の位置をクリックで指定し、寸法を作図します。なお、[寸法設定] 画面の [指示点からの引出線位置 [-]] の [引出線位置] に数値を入力すると、指示点から引出線までの距離を設定できます。

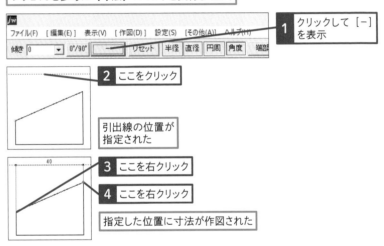

ワザ210を参考に [寸法] コマンドを実行しておく

1 クリックして [-] を表示

2 ここをクリック

引出線の位置が指定された

3 ここを右クリック

4 ここを右クリック

指定した位置に寸法が作図された

●引出線の始点の位置を変更する

ワザ210を参考に [寸法設定] 画面を表示しておく

ここの数値を変更すると引出線の位置を変更できる

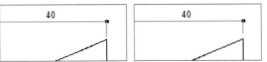

[引出線位置] に「1」と入力すると左図、「2」と入力すると右図のように位置が変更される

第**11**章 寸法を記入するには

213

Q 寸法線、引出線の色や
太さなどを変更するには

お役立ち度 ★★★

A ［寸法設定］画面で変更します

サンプル

［寸法設定］画面の、［寸法線色］［引出線色］［矢印・点色］には線色の数値
を入力します。また、［−］を選択した際の指示点からの引出線位置について、［引
出線位置］に数値を入力して設定できます。

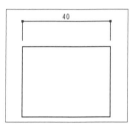

初期状態で寸法を記入する
と左のような線色になる

ワザ210を参考に［寸法設
定］画面を表示しておく

1 「1」と入力　**2** 「2」と入力

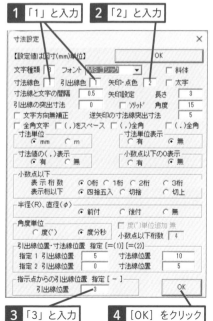

3 「3」と入力　**4** ［OK］をクリック

引出線の色や太さ、
位置が変更された

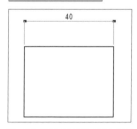

フォントや寸法線と文字の
間隔なども設定できる

214

Q 引出線なしで寸法線を記入するには

動画で見る

お役立ち度 ★ ★ ★

A 基準線の上を右クリックします

サンプル

建築図面で基準線があらかじめ作図されていて、引出線が必要ない場合は、コントロールバーで [−] を表示し、基準線の位置を指示してからその上を右クリックして寸法を作図します。これにより、引出線を作図せずに寸法線を記入することができます。

ワザ210を参考に [寸法] コマンドを実行しておく

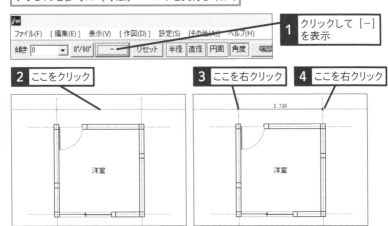

1 クリックして [−] を表示

2 ここをクリック

3 ここを右クリック

4 ここを右クリック

引出線なしで寸法を記入できた

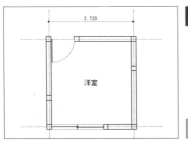

5 [リセット] をクリック

寸法が確定された

215

Q 寸法端末を矢印にするには

A [端部->] を表示します

サンプル

寸法の端末の記号は初期状態では「●」になっていますが、コントロールバーの
[端部●] をクリックすると[端部->][端部-<][端部●] と順に変更されます。
ここでは[端部->] を表示して、[寸法線色][引出線色][矢印・点色] を全て「1」
にして寸法線を作図します。

> ワザ210を参考に [寸法] コマンドを実行しておく

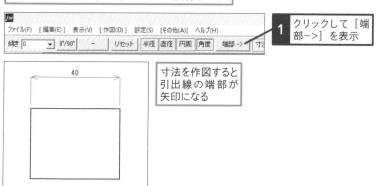

1 クリックして [端部->] を表示

寸法を作図すると
引出線の端部が
矢印になる

●矢印の大きさを変更する

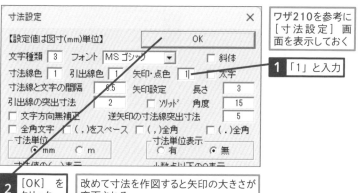

ワザ210を参考に
[寸法設定] 画
面を表示しておく

1 「1」と入力

2 [OK] を
クリック

改めて寸法を作図すると矢印の大きさが
変更される

216 Q 寸法端末の矢印を塗りつぶすには

お役立ち度 ★★★

A [ソリッド] に
チェックマークを付けます

サンプル

寸法端末の矢印を塗りつぶして作図するには、[寸法設定] 画面で [ソリッド] に
チェックマークを付けます。建築図面の寸法端末は「●」を使うのが一般的で
すが、土木図面では「矢印塗りつぶし」が一般的なのでぜひ活用しましょう。

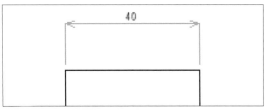

練習用ファイルを開い
た状態で寸法を記入す
ると矢印の先端は開い
ている

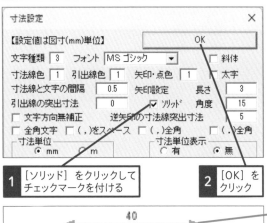

ワザ210を参考に
[寸法設定] 画
面を表示しておく

1 [ソリッド] をクリックして
チェックマークを付ける

2 [OK] を
クリック

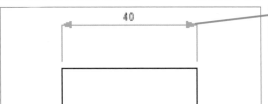

改めて寸法を作図する
と矢印の先端が塗りつ
ぶされた状態になる

 クロック
メニュー　　左11+右　寸法

第11章 寸法を記入するには

217

Q 引出線の突出寸法を
設定するには

お役立ち度 ★ ★

A ［寸法設定］画面で変更します

サンプル

引出線を寸法線から突き出して作図することができます。［寸法設定］画面を表示し、［引出線の突出寸法］に数値を入力すると、設定を変更できます。以下の例では「2」と入力して、寸法線の上に引出線が突き出るように変更しています。

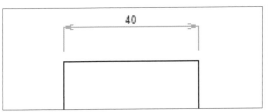

練習用ファイルを開いた状態で寸法を記入すると引出線は以下のようになる

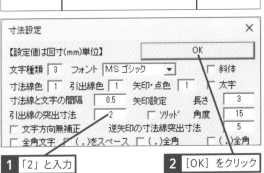

ワザ210を参考に［寸法設定］画面を表示しておく

1 「2」と入力

2 ［OK］をクリック

改めて寸法を作図すると引出線の突出寸法が変更される

寸法設定 ×

【設定値は図寸(mm)単位】　　　　　　OK

文字種類 3　フォント MS ゴシック ▼　　□ 斜体

寸法線色 1　引出線色 1　矢印・点色 1　□ 太字

寸法と文字の間隔 0.5　矢印設定　長さ 3

引出線の突出寸法 2　□ ソリッド　角度 15

□ 文字方向無補正　逆矢印の寸法線突出寸法 5

□ 全角文字 □(,)をスペース □(,)全角　□(.)全角

クロック
メニュー　　左11+右　寸法

ショート
カットキー　寸法 Ⓢ

218

Q 外側に引く逆矢印の寸法線を設定するには

お役立ち度 ★ ★ ★

A [端部−<] を表示します

サンプル

幅の狭い部分の寸法を作図する際に、逆矢印で寸法記入することがあります。その場合は、コントロールバーで [端部−<] を表示して作図します。なお、操作8と操作9は図形の外側を先に右クリックします。順序を間違えないように注意しましょう。

第**11**章 寸法を記入するには

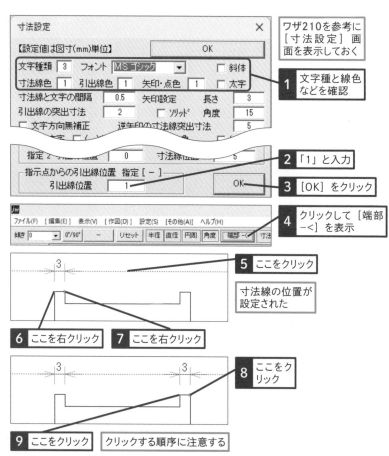

ワザ210を参考に [寸法設定] 画面を表示しておく

1 文字種と線色などを確認

2 「1」と入力

3 [OK] をクリック

4 クリックして [端部−<] を表示

5 ここをクリック

寸法線の位置が設定された

6 ここを右クリック

7 ここを右クリック

8 ここをクリック

9 ここをクリック

クリックする順序に注意する

219 Q 寸法値の単位を設定するには

お役立ち度 ★★

A 「mm」と「m」を
切り替えられます

サンプル

JIS規格では、寸法の基準単位はミリメートルとし、単位記号は表示しません。
Jw_cadでは、数値の後に「mm」を付けたり、メートル単位の「m」を付けて寸
法を記入できます。[寸法設定] 画面の [寸法単位] で単位を切り替え、[寸
法単位表示] の [有] をクリックすると寸法がメートル単位に変更され、単位記
号が表示されます。なお、寸法の表示が自動で変わるわけではないので、単位
を変更してから再度、寸法を作図する必要があります。

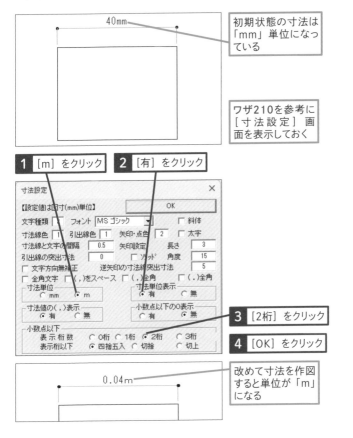

初期状態の寸法は
「mm」単位になっ
ている

ワザ210を参考に
[寸法設定] 画
面を表示しておく

1 [m] をクリック   2 [有] をクリック

3 [2桁] をクリック

4 [OK] をクリック

改めて寸法を作図
すると単位が「m」
になる

220

お役立ち度 ★★★

A [寸法値の (,) 表示] を
[有] にします

サンプル

寸法値に3桁区切りのカンマを自動的に付けることができます。[寸法設定] 画面を表示して [寸法値の (,) 表示] を [有] にします。設定後に改めて寸法を作成すると、桁区切りが適用されます。

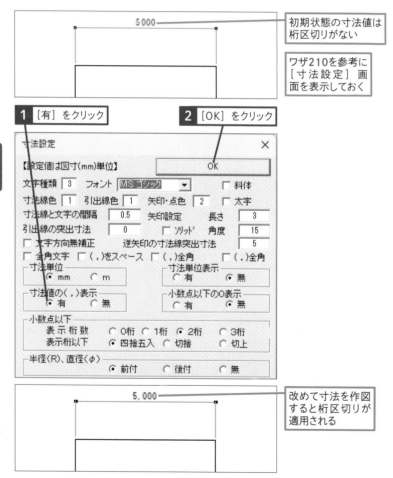

初期状態の寸法値は
桁区切りがない

ワザ210を参考に
[寸法設定] 画面を表示しておく

1 [有] をクリック   **2** [OK] をクリック

寸法設定

【設定値は図寸(mm)単位】　　　　　OK

文字種類 3　フォント MS ゴシック ▼　□ 斜体
寸法線色 1　引出線色 1　矢印・点色 2　□ 太字
寸法線と文字の間隔 0.5　矢印設定　長さ 3
引出線の突出寸法 0　□ ソリッド　角度 15
□ 文字方向無補正　逆矢印の寸法線突出寸法 5
□ 全角文字 □ (,)をスペース □ (,)全角 □ (.)全角

寸法単位
　・ mm　○ m

寸法単位表示
　○ 有　・ 無

寸法値の(,)表示
　・ 有　○ 無

小数点以下の0表示
　○ 有　・ 無

小数点以下
　表示桁数　○ 0桁 ○ 1桁 ・ 2桁 ○ 3桁
　表示桁以下　・ 四捨五入 ○ 切捨 ○ 切上

半径(R)、直径(φ)
　・ 前付　○ 後付　○ 無

改めて寸法を作図すると桁区切りが適用される

第11章 寸法を記入するには

221

Q 寸法値の小数点以下の桁数を素早く変更するには

お役立ち度 ★★

A コントロールバーのボタンを使います

小数点以下の数値は、コントロールバーの [小数桁0] をクリックして切り替えることができます。初期状態では [小数桁0] が表示されており、クリックすると [小数桁1] [小数桁2] [小数桁3] [小数桁0] と切り替わります。

ワザ210を参考に [寸法] コマンドを実行しておく

)] 設定(S) [その他(A)] ヘルプ(H)
セット | 半径 | 直径 | 円周 | 角度 | 端部 ● | 寸法値 | 設定 | 小数桁 0 | 累進

1 ここをクリック

)] 設定(S) [その他(A)] ヘルプ(H)
セット | 半径 | 直径 | 円周 | 角度 | 端部 ● | 寸法値 | 設定 | 小数桁 1 | 累進

小数点以下の桁数が変更された

)] 設定(S) [その他(A)] ヘルプ(H)
セット | 半径 | 直径 | 円周 | 角度 | 端部 ● | 寸法値 | 設定 | 小数桁 2 | 累進

クリックごとに設定が切り替わる

)] 設定(S) [その他(A)] ヘルプ(H)
セット | 半径 | 直径 | 円周 | 角度 | 端部 ● | 寸法値 | 設定 | 小数桁 3 | 累進

[小数桁3] の次は [小数桁0] に戻る

[寸法設定] 画面にも反映される

寸法設定 　　　　　　　　　　　　　　　　×

【設定値は図寸(mm)単位】　　　　　　OK

文字種類 [3] フォント [MS ゴシック ▼] □ 斜体
寸法線色 [1] 引出線色 [1] 矢印・点色 [2] □ 太字
寸法線と文字の間隔 [0.5] 矢印設定 　長さ [3]
引出線の突出寸法 [0] □ ソリッド 角度 [15]
□ 文字方向無補正 　逆矢印の寸法線突出寸法 [5]
□ 全角文字 □ (,)をスペース □ (,)全角 □ (.)全角

寸法単位
　⊙ mm 　○ m

寸法単位表示
　○ 有 　⊙ 無

寸法値の(,)表示
　⊙ 有 　○ 無

小数点以下の0表示
　○ 有 　⊙ 無

小数点以下
　表示桁数 　○ 0桁 ○ 1桁 ○ 2桁 ⊙ 3桁
　表示桁以下 　⊙ 四捨五入 ○ 切捨 ○ 切上

半径(R)、直径(φ)
　○ 前付 　⊙ 後付 　○ 無

222

Q 引出線を斜めに引き出して記入するには

お役立ち度 ★ ★ ★

A [引出角0] をクリックして数値を切り替えます

サンプル

寸法補助線を斜めに引き出すには、[引出角0]をクリックして表示を切り替えます。初期状態では [引出角0] が表示されており、クリックすると [30°] [45°] [-45°] [-30°] [引出角0]の順に表示が切り替わります。以下の例では[傾き]に「90」と入力して寸法線の向きを垂直方向に変更し、[引出角0] を [-30°] に変更して引出線を斜めにして寸法線を作図しています。

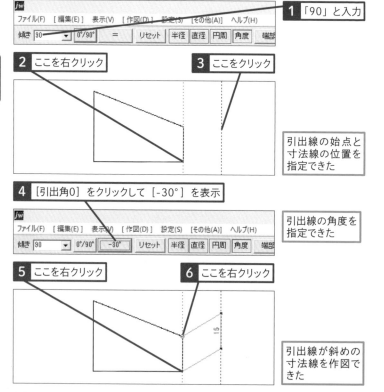

ワザ210を参考に [寸法] コマンドを実行しておく

クリックして [=] を表示しておく

1 「90」と入力

2 ここを右クリック

3 ここをクリック

引出線の始点と寸法線の位置を指定できた

4 [引出角0] をクリックして [-30°] を表示

引出線の角度を指定できた

5 ここを右クリック

6 ここを右クリック

引出線が斜めの寸法線を作図できた

223

Q 斜距離を寸法記入するには

お役立ち度 ★★

A [線角] で斜辺の角度を取得します

サンプル

斜線方向に寸法を作図する場合は、[寸法] コマンドの実行中に [線角] コマンドを実行して斜辺の角度を取得します。続けて寸法線を作図すると、斜辺の寸法が入力できます。なお角度がわかっている場合は [寸法] コマンドを実行してから [傾き] に角度の数値を入力しても、同様の操作ができます。

●角度を取得する

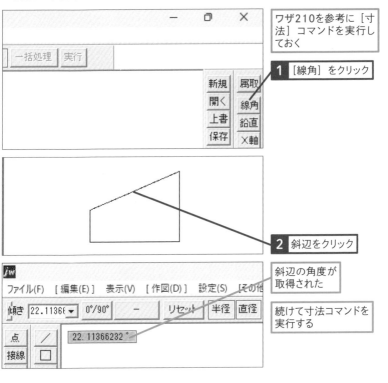

ワザ210を参考に [寸法] コマンドを実行しておく

1 [線角] をクリック

2 斜辺をクリック

斜辺の角度が取得された

続けて寸法コマンドを実行する

ショートカットキー 寸法 S

次のページに続く →

●寸法を作図する

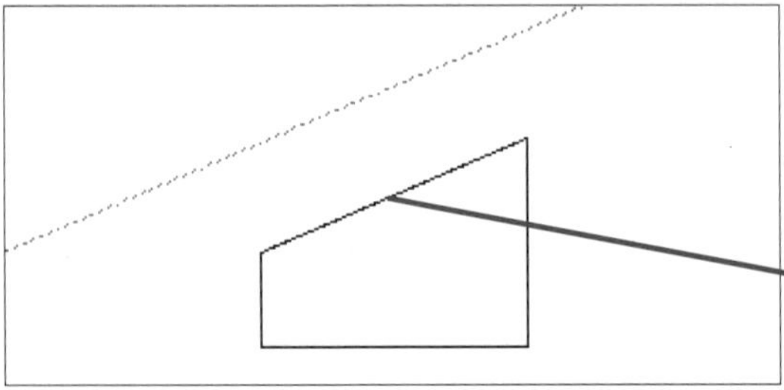

1 ここをクリック

基準線が作図された

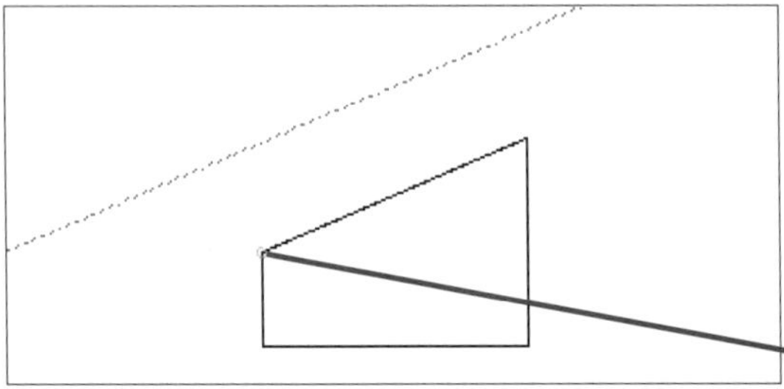

2 ここを右クリック

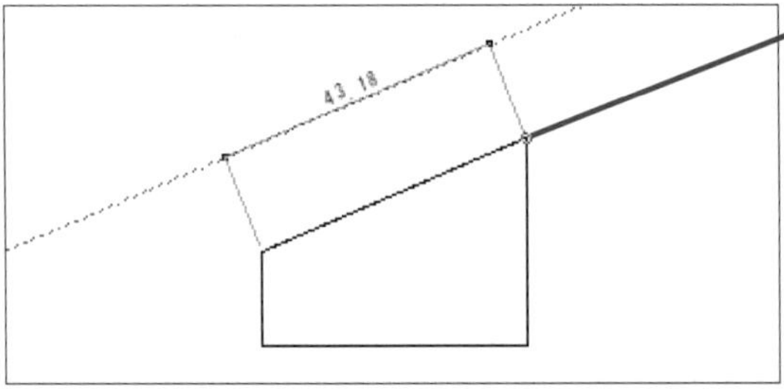

3 ここを右クリック

寸法が作図された

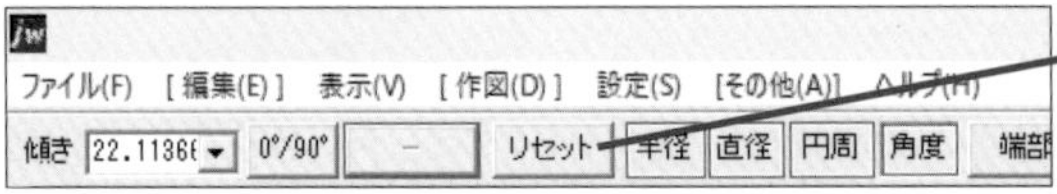

4 3 18

```
jw
ファイル(F) [編集(E)] 表示(V) [作図(D)] 設定(S) [その他(A)] ヘルプ(H)
傾き 22.11366 ▼  0°/90°     −     リセット  半径 直径 円周 角度  端部
```

4 [リセット] をクリック

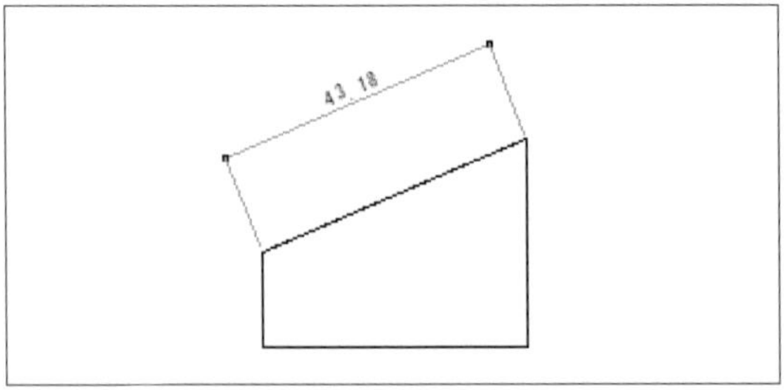

寸法が確定した

4 3 18

224

Q 直列寸法を記入するには

お役立ち度 ★★★

A [リセット]をクリックするまで連続で作図できます

サンプル

[寸法]コマンドで同一線上に寸法を作図する場合は、[リセット]をクリックするまで続けて作図できます。以下の例では、3箇所の寸法を続けて作図しています。

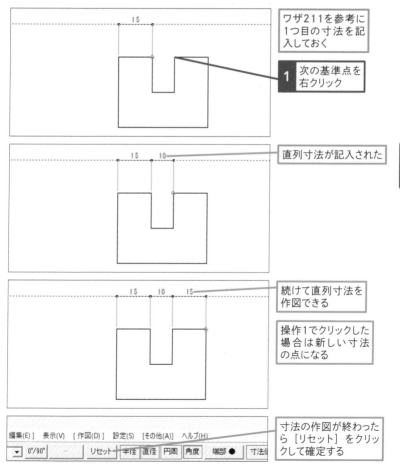

ワザ211を参考に1つ目の寸法を記入しておく

1 次の基準点を右クリック

直列寸法が記入された

続けて直列寸法を作図できる

操作1でクリックした場合は新しい寸法の点になる

寸法の作図が終わったら[リセット]をクリックして確定する

編集(E) 表示(V) [作図(D)] 設定(S) [その他(A)] ヘルプ(H)

0°/90° — リセット 半径 直径 円周 角度 端部● 寸法値

225

Q 直列寸法で寸法記入しない
ところをつくるには

お役立ち度 ★★★

A [戻る] コマンドで取り消します

サンプル

同一線上に寸法を作図するとき、寸法を記入しないところを作る場合は、一度
寸法を作図してから [戻る] コマンドを使って操作を取り消します。続けて、寸
法を記入したい部分の始点をクリックして寸法を作図すると、操作を取り消し
た部分を空白のままで直列寸法を作図できます。

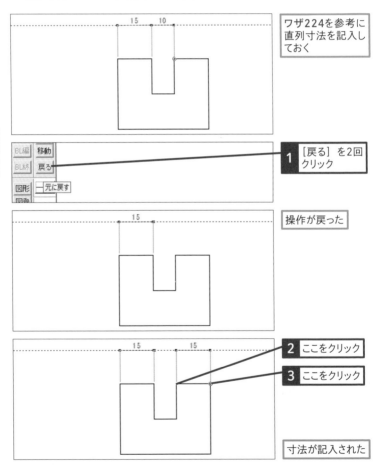

ワザ224を参考に
直列寸法を記入し
ておく

1 [戻る] を2回
クリック

操作が戻った

2 ここをクリック

3 ここをクリック

寸法が記入された

第11章 寸法を記入するには

226

Q 半径寸法を記入するには

お役立ち度 ★★★

A [半径] をクリックします

サンプル

円や円弧の半径寸法を作図するには、[寸法] コマンドを実行して[半径] をクリックします。次に円をクリックするか右クリックするかで、寸法線の位置が異なります。なお、寸法補助記号「R」の位置は [寸法設定] 画面の設定で変わります。詳しくは**ワザ227**を参照してください。

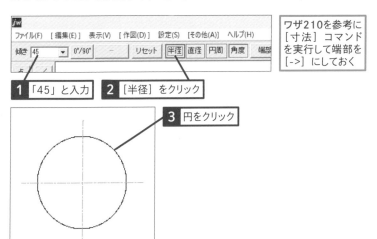

ワザ210を参考に [寸法] コマンドを実行して端部を [->] にしておく

1 「45」と入力

2 [半径] をクリック

3 円をクリック

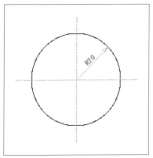

半径寸法が作図された

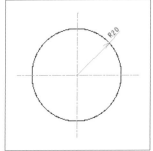

操作3で円を右クリックすると円の外側に半径寸法が作図される

227

Q 半径や直径を表す
寸法補助記号を変更するには

お役立ち度 ★ ★ ★

A [寸法設定] 画面で [前付] [後付]
[無] から選択できます

サンプル

半径（R）や直径（φ）の寸法補助記号は、[寸法] コマンドで [設定] をクリックして表示される [寸法設定] 画面で設定できます。[半径（R）、直径（φ）]の項目で [前付] [後付] をクリックすると、記号を数値の前後どちらにするかを指定できます。[無] をクリックすると記号が非表示になります。

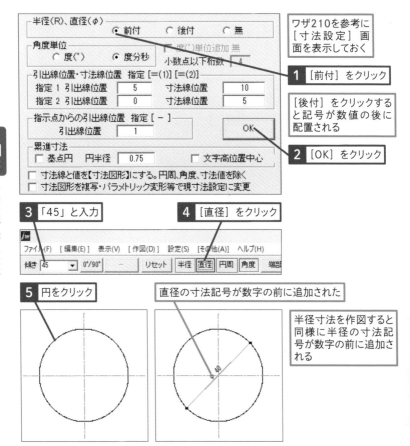

ワザ210を参考に
[寸法設定] 画面を表示しておく

1 [前付] をクリック

[後付] をクリックすると記号が数値の後に配置される

2 [OK] をクリック

3 「45」と入力

4 [直径] をクリック

5 円をクリック

直径の寸法記号が数字の前に追加された

半径寸法を作図すると同様に半径の寸法記号が数字の前に追加される

228

Q 3つの点を指定して
角度を記入するには

お役立ち度 ★★★

A [角度] をクリックして
3つの点をクリックします

サンプル

角度寸法を作図するには [寸法] コマンドを実行し、コントロールバーの [角度]
をクリックします。3つの点を指定して角度を記入する場合は、以下の通りに操
作します。なお、3点は反時計回りの順にクリックします。時計回りの順にクリッ
クした場合、逆の角度 (315°) が記入されます。

ワザ210を参考に [寸法] コマンドを実行しておく

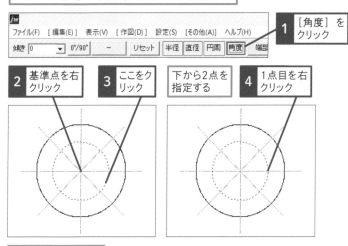

1 [角度] を
クリック

2 基準点を右
クリック

3 ここをク
リック

下から2点を
指定する

4 1点目を右
クリック

基準線が設定された

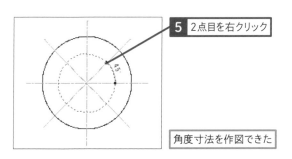

5 2点目を右クリック

角度寸法を作図できた

229

Q 2つの線を指定して
角度を記入するには

お役立ち度 ★ ★ ★

A 基準線をダブルクリック、
角度が終わる線をクリックします

サンプル

2つの線を指定して角度寸法を作図するには、[寸法] コマンドを実行して [角度]
をクリックし、続けて角度が始まる線をダブルクリック、角度が終わる線をクリッ
クで指定します。次に角度寸法を記入したい箇所をクリックします。

ワザ210を参考に [寸法] コマンドを実行しておく

1 [角度] を
クリック

反時計回りに2辺を
指定する

2 基準線をダブル
クリック

3 2線目をクリック

4 角度寸法を記入したい
位置をクリック

角度寸法を作図できた

第11章 寸法を記入するには

230

Q 角度寸法の寸法値を
反転するには

お役立ち度 ★ ★ ★

A [数値入力] 画面で設定します

サンプル

角度を記入する際に、寸法値の位置が逆になることがあります。その場合は [数値入力] 画面を表示し、[±180° OK] をクリックします。すると寸法値が180°回転するので、クリックして適当な位置に移動します。

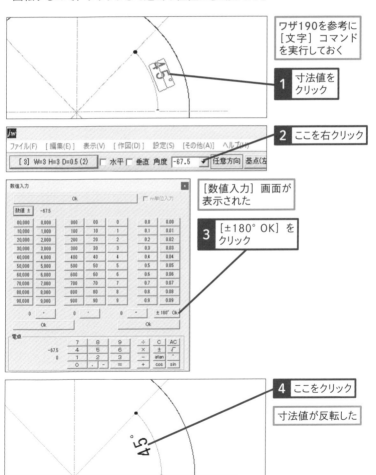

ワザ190を参考に
[文字] コマンド
を実行しておく

1 寸法値を
クリック

2 ここを右クリック

[数値入力] 画面が
表示された

3 [±180° OK] を
クリック

4 ここをクリック

寸法値が反転した

お役立ち度 ★ ★ ★

A [寸法設定] 画面で
「°」と「度分秒」から選択できます

サンプル

角度寸法の単位は、[寸法設定] 画面の [角度単位] で [度 (°)] または [度分秒]
のどちらかを選択できます。[度 (°)] を選択した場合、1度以下は小数で表示
され、[小数点以下桁数] の数値で桁数が決まります。

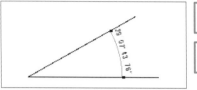

初期状態では角度の表示は
[度分秒] に設定されている

ワザ210を参考に [寸法設定]
画面を表示しておく

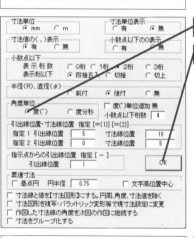

1 [度 (°)] をクリック

2 [OK] をクリック

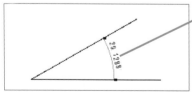

改めて寸法を作図すると角度が
小数で表示される

1° 以下は小数で表示され、
[小数点以下桁数] の数値
によって桁数が変更される

お役立ち度 ★★★

Ⓐ コントロールバーの［累進］をクリックします　サンプル

累進寸法は［寸法］コマンドを実行し、コントロールバーの［累進］をクリックすると実行できます。なお累進寸法では始点に基点記号として円を記入します（基点円）。JIS規格では、起点記号の直径は文字高の0.8倍です。以下の例では寸法の最初を基点円にするため［寸法接点］画面で［基点円］を設定し、円の半径を「2」としています。続けて［累進］をクリックして累進寸法を作図しています。

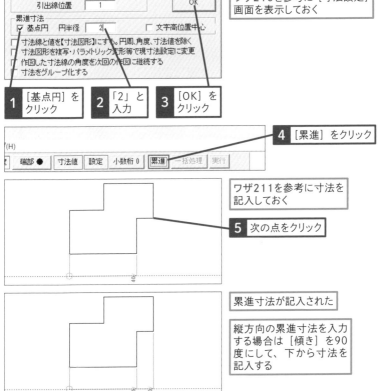

指示点からの引出線位置 指定［ - ］
引出線位置 ［1］
OK

累進寸法
☑ 基点円　円半径 ［2］　☐ 文字高位置中心
☐ 寸法線と値を【寸法図形】にする。円周,角度,寸法値を除く
☐ 寸法図形を複写・パラメトリック変形等で現寸法設定に変更
☐ 作図した寸法線の角度を次回の作図に継続する
☐ 寸法をグループ化する

ワザ210を参考に［寸法設定］画面を表示しておく

1 ［基点円］をクリック

2 「2」と入力

3 ［OK］をクリック

4 ［累進］をクリック

(H)
端部 ● ｜ 寸法値 ｜ 設定 ｜ 小数桁 0 ｜ 累進 ｜ 一括処理 ｜ 実行

ワザ211を参考に寸法を記入しておく

5 次の点をクリック

累進寸法が記入された

縦方向の累進寸法を入力する場合は［傾き］を90度にして、下から寸法を記入する

233 Q 寸法値を書き換えるには

お役立ち度 ★ ★ ★

A コントロールバーの [寸法値] をクリックします

サンプル

作図した寸法値は[文字] コマンドで内容を書き換えられますが、ここでは[寸法] コマンドで書き換える方法を紹介します。コントロールバーの [寸法値] をクリックし、書き換えたい寸法値を右ダブルクリックすると、寸法値を変更するための画面が表示されます。数値を入力して [OK] をクリックすると寸法値が変更されます。また、クロックメニューの [寸法値【変更】] を使うことで、素早く入力画面を表示できます。

ワザ210を参考に [寸法] コマンドを実行しておく

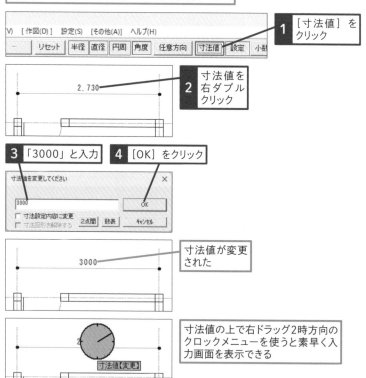

1 [寸法値] をクリック

2 寸法値を右ダブルクリック

2.730

3 「3000」と入力 **4** [OK] をクリック

寸法値を変更してください

3000 | OK

☐ 寸法設定内容に変更 2点間 敷表 キャンセル
☐ 寸法図形を解除する

3000 — 寸法値が変更された

寸法値の上で右ドラッグ2時方向のクロックメニューを使うと素早く入力画面を表示できる

寸法値【変更】

234

Q 寸法値を移動するには

お役立ち度 ★★★

A [寸法値] をクリックして
寸法値を選択します

サンプル

寸法値は [文字] コマンドで移動できますが、ここでは [寸法] コマンドで実行する方法を紹介します。コントロールバーの [寸法値] をクリックして、移動したい寸法値を右クリックします。このとき[任意方向]と表示されたボタンをクリックすると [-横-方向] [｜縦｜方向] [+横縦方向] の順に表示が切り替わり、移動方向を横、縦、横と縦のいずれかに制限できます。また、クロックメニューの [寸法値移動] を使うことで、寸法値を素早く移動できます。

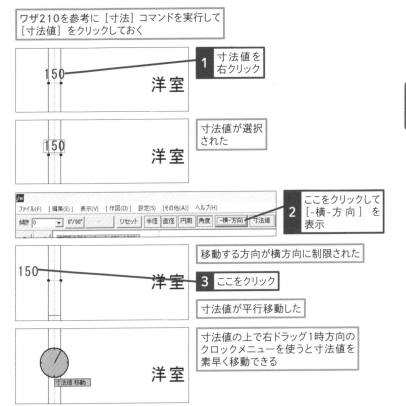

ワザ210を参考に [寸法] コマンドを実行して
[寸法値] をクリックしておく

1 寸法値を
右クリック

寸法値が選択
された

2 ここをクリックして
[-横-方向] を
表示

移動する方向が横方向に制限された

3 ここをクリック

寸法値が平行移動した

寸法値の上で右ドラッグ1時方向の
クロックメニューを使うと寸法値を
素早く移動できる

お役立ち度 ★ ★ ★

◎ 図形と寸法が連動します

サンプル

寸法図形とは、図形の変化に応じて寸法値や寸法線が自動的に連動する図形のことを指します。以下の例では[パラメ]コマンドを実行して図形の右側を選択し、「10」伸長しています。結果、寸法値が連動して「40」から「50」へと「10」自動的に増えています。

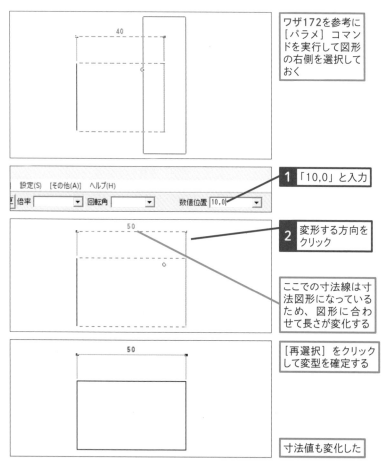

ワザ172を参考に[パラメ]コマンドを実行して図形の右側を選択しておく

1 「10,0」と入力

2 変形する方向をクリック

ここでの寸法線は寸法図形になっているため、図形に合わせて長さが変化する

[再選択]をクリックして変型を確定する

寸法値も変化した

236

Q 寸法図形で
寸法線を作図するには

お役立ち度 ★★★

A [寸法設定] 画面で設定します

サンプル

寸法図形の寸法線を作図する場合は、[寸法設定] 画面で設定をしておく必要
があります。ワザ210を参考に [寸法設定] 画面を表示し、[寸法線と値を【寸
法図形】にする。円周、角度、寸法値を除く] にチェックマークを付けておきます。
以降は通常の図形と同様の手順で寸法線を作図できます。

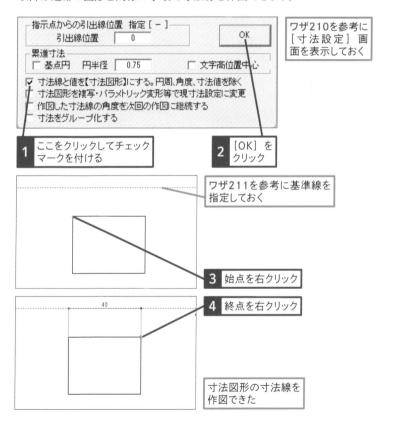

ワザ210を参考に
[寸法設定] 画
面を表示しておく

1 ここをクリックしてチェック
マークを付ける

2 [OK] を
クリック

ワザ211を参考に基準線を
指定しておく

3 始点を右クリック

4 終点を右クリック

寸法図形の寸法線を
作図できた

第11章 寸法を記入するには

できる **299**

ⓠ 寸法線を寸法図形にするには

お役立ち度 ★ ★ ★

Ⓐ [寸化] コマンドを実行します

サンプル

寸法線を寸法図形にするには、[寸化] コマンドを実行します。寸法線をクリックしてから寸法値をクリックすると、画面左上に [寸法図形化] と表示されます。続けて寸法線または寸法値をクリックすると [寸法図形です] と表示され、寸法図形になったことを確認できます。

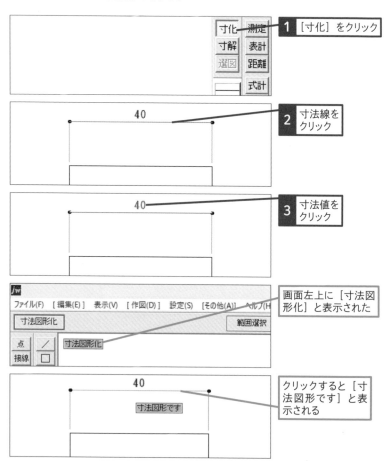

1 [寸化] をクリック

2 寸法線をクリック

3 寸法値をクリック

画面左上に [寸法図形化] と表示された

クリックすると [寸法図形です] と表示される

第11章 寸法を記入するには

238

Q 寸法図形の寸法値を移動するには

お役立ち度 ★★★

A コントロールバーの［寸法値］をクリックします

サンプル

［寸法］コマンドの［寸法値］を使用すると、寸法図形の寸法値のみ移動できます。［寸法］コマンドの実行中にコントロールバーの［寸法値］をクリックし、寸法値を右クリックで選択して移動します。このとき［任意方向］と表示されたボタンをクリックすると、移動方向を制限できます。

ワザ210を参考に［寸法］コマンドを実行しておく

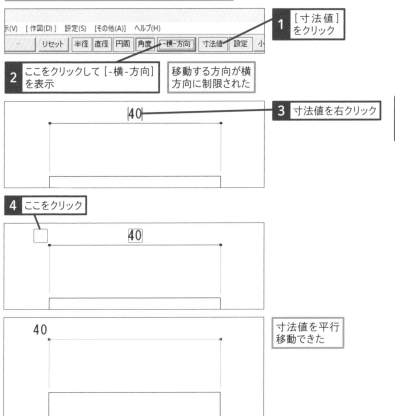

表(V) ［作図(D)］ 設定(S) ［その他(A)］ ヘルプ(H)

｜ リセット ｜半径｜直径｜円周｜角度｜-横-方向｜寸法値｜設定｜小

1 ［寸法値］をクリック

2 ここをクリックして［-横-方向］を表示

移動する方向が横方向に制限された

40

3 寸法値を右クリック

4 ここをクリック

40

40

寸法値を平行移動できた

お役立ち度 ★★★

A [寸解] コマンドを実行します

サンプル

[寸解] コマンドを実行して寸法図形の寸法線をクリックすると、寸法図形が解除されます。画面左上に [寸法図形解除] と表示されるので確認しましょう。寸法値をクリックしなくても、これで通常の寸法線に戻ります。

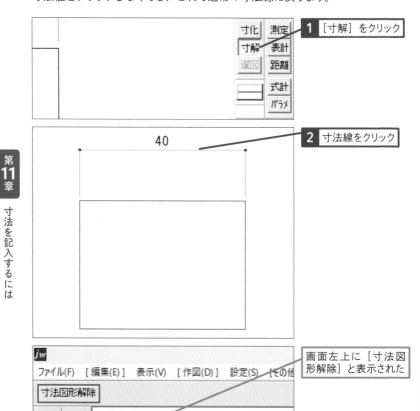

1 [寸解] をクリック

2 寸法線をクリック

画面左上に [寸法図形解除] と表示された

第**12**章

知っておきたい
便利機能

ここでは、[画像編集]コマンドや[図形]コマンド
を使って、図面上に写真などの画像や図形を挿入
する方法を説明します。

240

Q Jw_cadに登録されている
図形を挿入するには

お役立ち度 ★★★

A [図形] コマンドを実行します

サンプル

Jw_cad8にはあらかじめ登録されている図形があり、[jww] フォルダーに保存されています。[図形] コマンドを実行し、[ファイル選択] 画面の [《図形01》建築1] などから選択できます。以下の例は [14洋便器] を選択し、作図属性を設定してから図面に挿入しています。

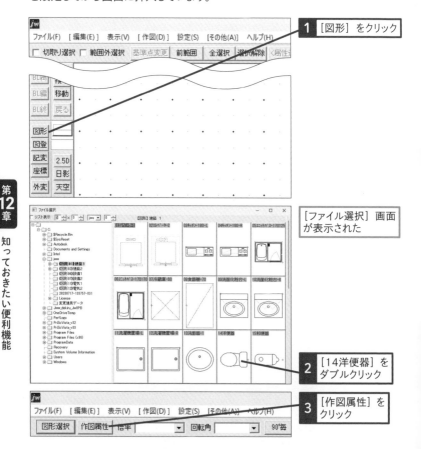

1 [図形] をクリック

[ファイル選択] 画面
が表示された

2 [14洋便器] を
ダブルクリック

3 [作図属性] を
クリック

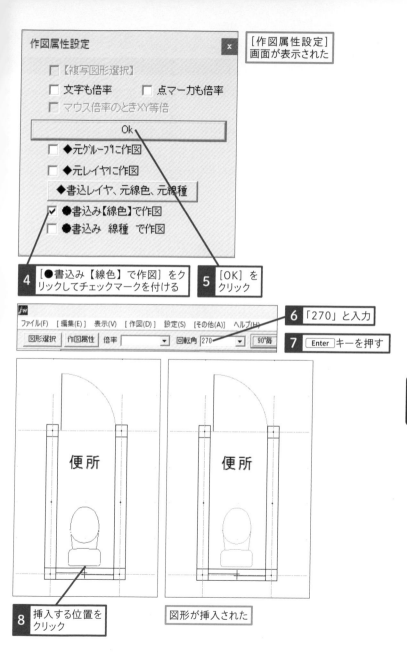

[作図属性設定] 画面が表示された

作図属性設定

□【複写図形選択】
□ 文字も倍率　　□ 点マーカも倍率
□ マウス倍率のときXY等倍

Ok

□ ◆元グループに作図
□ ◆元レイヤに作図
◆書込レイヤ、元線色、元線種
☑ ●書込み【線色】で作図
□ ●書込み 線種 で作図

4 [●書込み【線色】で作図] をクリックしてチェックマークを付ける

5 [OK] をクリック

ファイル(F)　[編集(E)]　表示(V)　[作図(D)]　設定(S)　[その他(A)]　ヘルプ(H)

図形選択　作図属性　倍率 [　　　] ▼　回転角 [270] ▼　90°毎

6 「270」と入力

7 Enter キーを押す

便所

便所

8 挿入する位置をクリック

図形が挿入された

241

Q 図形を登録するには

A [図登] コマンドを実行します

サンプル

Jw_cadで作図した図形や、よく使う図形は登録しておくと便利です。以下の例はテーブルと椅子のセットを [図登] コマンドで [《図形01》建築1] フォルダーに登録しています。なお、登録の際に新しいフォルダーを作ることもできます。

●図形を登録する

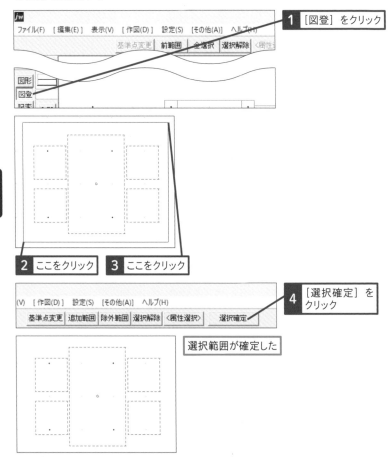

1 [図登] をクリック

ファイル(F) [編集(E)] 表示(V) [作図(D)] 設定(S) [その他(A)] ヘルプ(H)

基準点変更 前範囲 全選択 選択解除 〈属性

図形
図登

2 ここをクリック　3 ここをクリック

(V) [作図(D)] 設定(S) [その他(A)] ヘルプ(H)

基準点変更 追加範囲 除外範囲 選択解除 〈属性選択〉 選択確定

4 [選択確定] をクリック

選択範囲が確定した

第12章 知っておきたい便利機能

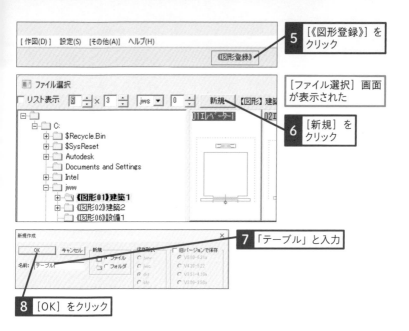

5 [《図形登録》] を クリック

《図形登録》

[ファイル選択] 画面 が表示された

6 [新規] を クリック

7 「テーブル」と入力

8 [OK] をクリック

●登録した図形を確認する

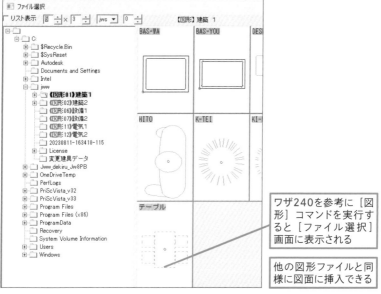

ワザ240を参考に [図形] コマンドを実行すると [ファイル選択] 画面に表示される

他の図形ファイルと同様に図面に挿入できる

242

❓ 印刷の設定画面を教えて！

お役立ち度 ★★★

Ⓐ ［印刷］コマンドを実行すると表示されます

［印刷］コマンドを実行するとWindowsの［プリンターの設定］画面が表示され、［OK］をクリックすると印刷の設定画面が表示されます。コントロールバーの要素を確認しておきましょう。使用方法については以降のワザで紹介します。

●［印刷］コマンドを実行する

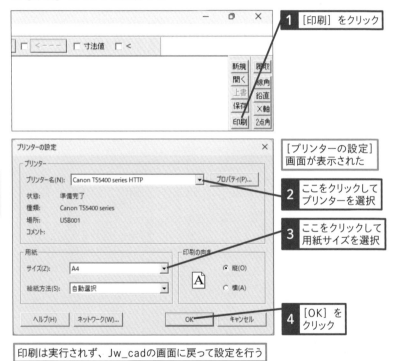

1 ［印刷］をクリック

［プリンターの設定］画面が表示された

2 ここをクリックしてプリンターを選択

3 ここをクリックして用紙サイズを選択

4 ［OK］をクリック

印刷は実行されず、Jw_cadの画面に戻って設定を行う

第**12**章 知っておきたい便利機能

●印刷の設定画面を確認する

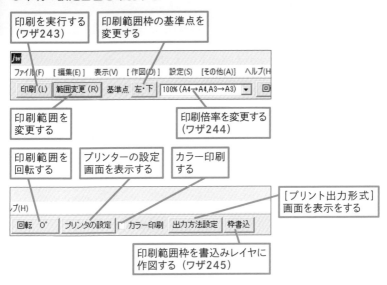

印刷を実行する（ワザ243）

印刷範囲枠の基準点を変更する

印刷範囲を変更する

印刷倍率を変更する（ワザ244）

印刷範囲を回転する

プリンターの設定画面を表示する

カラー印刷する

［プリント出力形式］画面を表示をする

印刷範囲枠を書込みレイヤに作図する（ワザ245）

●［プリント出力形式］画面の内容を確認する

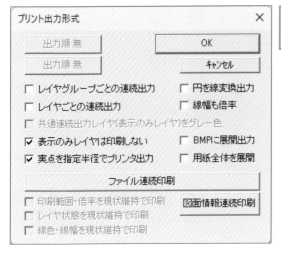

レイヤごとの印刷設定やファイルの連続印刷などの設定を行う

243

Q 図面を印刷するには

お役立ち度 ★★★

A [印刷] コマンドを実行してコントロールバーの [印刷] をクリックします

サンプル

[印刷] コマンドを実行すると、まずWindowsの [プリンターの設定] 画面が表示されます。ここでプリンターと印刷方向、用紙の設定などを行って [OK] をクリックすると、Jw_cadの画面に戻ります。コントロールバーの [印刷] をクリックするとすぐに印刷が実行されます。一般的なアプリケーションとは順序が異なるので注意しましょう。

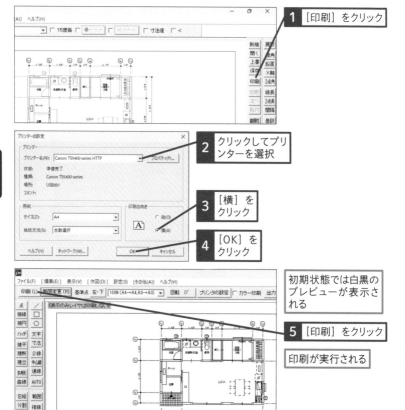

1 [印刷] をクリック

2 クリックしてプリンターを選択

3 [横] をクリック

4 [OK] をクリック

初期状態では白黒のプレビューが表示される

5 [印刷] をクリック

印刷が実行される

第12章 知っておきたい便利機能

310 **できる**

244

Q 図面を縮小して印刷するには

お役立ち度 ★★★

A コントロールバーで印刷倍率を選びます

サンプル

[印刷] コマンドを実行してから、コントロールバーで印刷倍率を選ぶことができます。図面の枠が用紙枠の中に収まるように調整しましょう。またメニューの一番下の [任意倍率] をクリックすると、数値で倍率を指定できます。

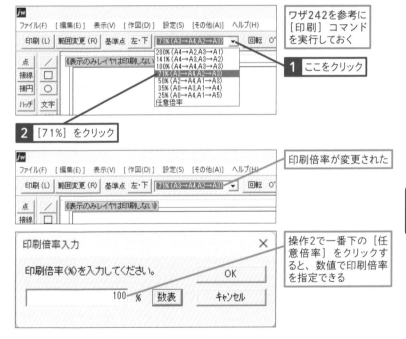

ワザ242を参考に [印刷] コマンドを実行しておく

1 ここをクリック

2 [71%] をクリック

印刷倍率が変更された

操作2で一番下の [任意倍率] をクリックすると、数値で印刷倍率を指定できる

 ショートカットキー　印刷　Ctrl + P

関連 018　用紙サイズを設定するには　▶ P.42

第12章　知っておきたい便利機能

245

Q 図面がはみ出ないように印刷範囲枠を作図するには

お役立ち度 ★★

A [枠書込] を使います

サンプル

[印刷] コマンドを実行してプリンターを設定し、線属性を[補助線色] [補助線種] に設定してから [枠書込] を実行すると、図面に印刷範囲枠を書き込むことができます。この印刷範囲枠は指定したプリンターで印刷できる範囲を示しており、実際には印刷されません。

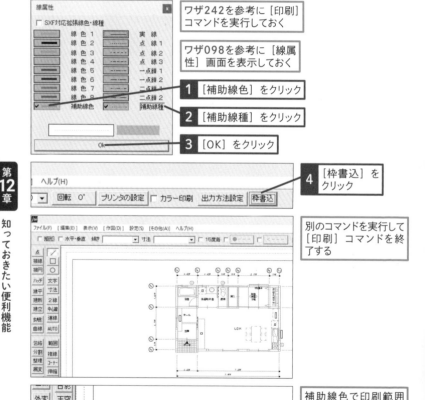

ワザ242を参考に [印刷] コマンドを実行しておく

ワザ098を参考に [線属性] 画面を表示しておく

1 [補助線色] をクリック

2 [補助線種] をクリック

3 [OK] をクリック

4 [枠書込] をクリック

別のコマンドを実行して [印刷] コマンドを終了する

補助線色で印刷範囲枠が作図された

246

Q Jw_cadで用意されている
図形を確認するには

お役立ち度 ★★★

A [図形] コマンドで表示できます　サンプル

Jw_cadには、建築図面の作図に便利な図形データがあらかじめ用意されています。[図形] コマンドを実行して [jww] フォルダー内の [《図形01》建築1] などのフォルダー内を確認しましょう。

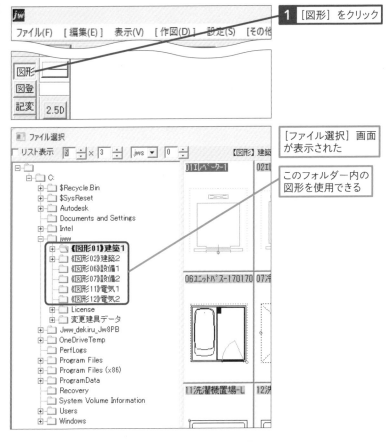

1 [図形] をクリック

[ファイル選択] 画面が表示された

このフォルダー内の図形を使用できる

関連 **241** 図形を登録するには　　　　　　► P.306

第12章

知っておきたい便利機能

247

Q Jw_cadで用意されている建具を確認するには

お役立ち度 ★★

A [建平][建断][建立]などのコマンドを実行します

サンプル

Jw_cadには、戸や窓などの建具のデータがあらかじめ用意されています。平面建具なら[建平]、断面建具なら[建断]、立面建具なら[建立]のコマンドを実行し、[jww] フォルダー内の「【建具平面A】建具一般平面図」などのフォルダー内を確認しましょう。

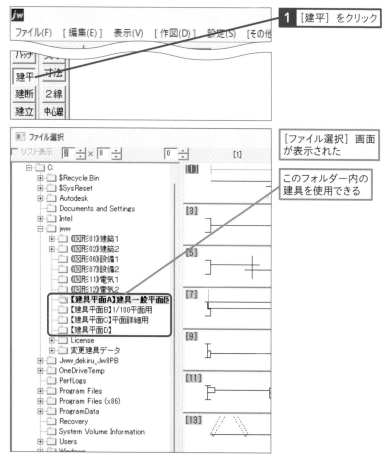

1 [建平]をクリック

[ファイル選択]画面が表示された

このフォルダー内の建具を使用できる

第12章 知っておきたい便利機能

付録　クロックメニュー一覧

Jw_cad 8ではマウスボタンをクリックしながらドラッグする「クロックメニュー」を使うことで、合計48種類のコマンドを実行できます。以下は［／］コマンドが選択されている状態の際に表示されるクロックメニューの一覧です。クロックメニューの設定や操作については、54ページをご参照ください。

左AMメニュー

左12　文字

左1　線・矩形

左2　円・円弧

左3　包絡

左4　範囲選択

左5　線種変更

左6　属性取得

左7　複写・移動

左8　伸縮

左9　AUTO

左10　消去

左11　複線

左PMメニュー

左12+右　【角度±反転】

左1+右　■矩形

左2+右　15度毎

左3+右　■水平・垂直

左4+右　建具断面

左5+右　建具平面

左6+右　【全】属性取得

左7+右　ハッチ

左8+右　連続線

左9+右　中心線

左10+右　2線

左11+右　寸法

右AMメニュー	右PMメニュー
右12　鉛直・円周点	右12+左　数値長
右1　線・矩形	右1+左　鉛直角
右2　円・円弧	右2+左　2点間角
右3　中心点・A点	右3+左　X軸角度
右4　戻る	右4+左　線角度
右5　進む	右5+左　軸角取得
右6　オフセット	右6+左　数値角度
右7　複写・移動	右7+左　(-) 軸角
右8　伸縮	右8+左　(-) 角度
右9　線上点・交点	右9+左　X軸 (-) 角度
右10　消去	右10+左　2点間長
右11　複線	右11+左　線長取得

付
録

索引

索引

索引

■著者
櫻井良明（さくらい　よしあき）

1963年大阪府生まれ。一級建築士、一級建築施工管理技士、一級土木施工管理技士。
1986年、福井大学工学部建設工学科卒業。設計事務所、ゼネコン勤務、山梨県立甲府工業
高等学校建築科教諭、日本工学院八王子専門学校建築学科・建築設計科教員などを経て、現
在、山梨県立甲府工業高等学校専攻科（夜間制）建築科教諭。長年にわたりJw_cadによる
建築製図指導を続けていて、全国のさまざまな建築設計コンペなどで指導した生徒を多数入
選に導いている。主な著書に『これで完璧！ Jw_cad基本作図ドリル［Jw_cad8対応版］』
『Jw_cadでかんたんにつくれる建築模型』『高校生から始めるJw_cad建築製図入門[RC造
編](Jw_cad 8 対応版）』（エクスナレッジ）など。
ホームページ：https://ags.gozaru.jp/
ブログ：http://agsgozaru.jugem.jp/

素材提供　　　　株式会社 LIXIL・有限会社ワカスギ
Special Thanks　　清水治郎・田中善文

STAFF
シリーズロゴデザイン　　山岡デザイン事務所 <yamaoka@mail.yama.co.jp>
カバー・本文デザイン　　伊藤忠インタラクティブ株式会社
カバーイラスト　　こつじゆい
DTP制作　　町田有美・田中麻衣子

編集制作　　株式会社トップスタジオ

デザイン制作室　　今津幸弘 <imazu@impress.co.jp>
　　　　　　　　　鈴木　薫 <suzu-kao@impress.co.jp>
制作担当デスク　　柏倉真理子 <kasiwa-m@impress.co.jp>

デスク　　荻上　徹 <ogiue@impress.co.jp>
編集長　　藤原泰之 <fujiwara@impress.co.jp>

本書のご感想をぜひお寄せください
https://book.impress.co.jp/books/1123101139

読者登録サービス
CLUB impress

アンケート回答者の中から、抽選で図書カード（1,000円分）
などを毎月プレゼント。
当選者の発表は賞品の発送をもって代えさせていただきます。
※プレゼントの賞品は変更になる場合があります。

■商品に関する問い合わせ先

このたびは弊社商品をご購入いただきありがとうございます。本書の内容などに関するお問い
合わせは、下記のURLまたは二次元バーコードにある問い合わせフォームからお送りください。

https://book.impress.co.jp/info/

上記フォームがご利用いただけない場合のメールでの問い合わせ先
info@impress.co.jp

※お問い合わせの際は、書名、ISBN、お名前、お電話番号、メールアドレス に加えて、「該当するページ」と「具体的なご質問内容」「お使いの動作環境」を必ずご明記ください。なお、本書の範囲を超えるご質問にはお答えできないのでご了承ください。

●電話やFAXでのご質問には対応しておりません。また、封書でのお問い合わせは回答までに日数をいただく場合があります。あらかじめご了承ください。
●インプレスブックスの本書情報ページ https://book.impress.co.jp/books/1123101139 では、本書のサポート情報や正誤表・訂正情報などを提供しています。あわせてご確認ください。
●本書の奥付に記載されている初版発行日から3年が経過した場合、もしくは本書で紹介している製品やサービスについて提供会社によるサポートが終了した場合はご質問にお答えできない場合があります。

■落丁・乱丁本などの問い合わせ先
FAX 03-6837-5023
service@impress.co.jp
※古書店で購入された商品はお取り替えできません。

できるポケット

Jw_cad 8ハンドブック 困った!&便利技 247

2024年3月21日 初版発行

著 者 櫻井良明&できるシリーズ編集部

発行人 高橋隆志

発行所 株式会社インプレス
〒101-0051 東京都千代田区神田神保町一丁目105番地
ホームページ https://book.impress.co.jp/

印刷所 図書印刷株式会社
ISBN978-4-295-01885-8 C3004